ALGORITHMIC GOVERNANCE AND GOVERNANCE OF ALGORITHMS

Legal and Ethical Challenges

算法治理

——法律和道德挑战

主编　马丁·艾泊斯（Martin Ebers）
玛尔塔·坎泰罗·伽米托（Marta Cantero Gamito）

译者　姚前　冯蕾

Springer　中国金融出版社

责任编辑：肖　炜　方　蔚
责任校对：潘　洁
责任印制：陈晓川

First published in English under the title
Algorithmic Governance and Governance of Algorithms: Legal and Ethical Challenges
By Martin Ebers and Marta Cantero Gamito, edition: 1
Copyright© Martin Ebers and Marta Cantero Gamito, 2021
This edition has been translated and published under licence from Springer Nature Switzerland AG.
北京版权合同登记图字 01-2021-4376
《算法治理:法律和道德挑战》一书中文简体字版专有出版权属中国金融出版社所有，不得翻印。

图书在版编目（CIP）数据

算法治理：法律和道德挑战／（德）马丁·艾泊斯，（西）玛尔塔·坎泰罗·伽米托主编；姚前，冯蕾译．—北京：中国金融出版社，2022.3
ISBN 978-7-5220-1511-8

Ⅰ.①算…　Ⅱ.①马…　②玛…　③姚…　④冯…　Ⅲ.①社会管理—文集　Ⅳ.①C916-53

中国版本图书馆 CIP 数据核字（2022）第 026262 号

算法治理：法律和道德挑战
SUANFA ZHILI: FALÜ HE DAODE TIAOZHAN
出版
发行　中国金融出版社
社址　北京市丰台区益泽路 2 号
市场开发部　(010)66024766，63805472，63439533（传真）
网 上 书 店　www. cfph. cn
(010)66024766，63372837（传真）
读者服务部　(010)66070833，62568380
邮编　100071
经销　新华书店
印刷　保利达印务有限公司
尺寸　169 毫米×239 毫米
印张　13.75
字数　175 千
版次　2022 年 3 月第 1 版
印次　2022 年 3 月第 1 次印刷
定价　68.00 元
ISBN 978-7-5220-1511-8
如出现印装错误本社负责调换　联系电话(010)63263947

目　录
Algorithmic Governance

推荐序

Algorithmic Governance

算法治理：数字时代的社会治理新命题

随着计算机、移动互联网、智能终端、大数据分析、云计算、人工智能、物联网等数字技术的发展，算法已深入我们生活各个领域。搜索引擎、新闻推送、精准广告、人脸识别、行车导航、自动驾驶等的背后技术核心都是算法。我们正生活在算法的世界里，算法将无处不在。

算法让我们的世界变得更加智能，更加高效。人们甚至可以在未来创造出一个完全由算法构造的虚拟世界——元宇宙（Metaverse）。算法对人类社会的渗透力和影响力或将只增不减。伴随而来的问题是，我们应如何处理算法与人的关系。一百多年前，机器大生产时代来临之时，机器与人的关系吸引了马克思等思想巨擘的关注与研究。如今，算法与人的关系这一全新时代命题，同样值得今日的我们思考与探索。

防止算法可能对人造成的侵犯、伤害和异化，是算法治理的首要内容。比如，要防止算法滥用。算法规则的背后是商业利益。为了追求利益最大化，算法有可能违背社会公平、道德和人性。比如，算法利用大数据“杀熟”，同样的商品或服务，老客户的价格反而比新客户要贵；只推荐能带来潜在商业利益的产品，而不是最适合、最恰当的东西；可能滥用人性弱点，过度激发、劝服、诱导客户，使人习惯于“被喂养”，不自觉地对算法投放的产品沉迷上瘾。算法逻辑被运用到极致，人有可能被“异化”为纯粹的数据、商品和工具。算法的具体原理和参数只有运营企业的少部分人才能知道，难免产生利益侵占问题。甚至，企业可能利用算法作恶，比如为了扩大流量，推送耸人听闻的虚假信息或推荐虚假产品。

我们还要防止算法偏见。算法的数据可能不一定全面，碎片化的数据得到的结果极易导致偏见。算法的设计者是人，算法设计师乃至企业管理者、价值观的偏见可能被嵌入算法。算法的“技术光环”容易让人盲从所谓的“科学”，但实质上有些算法却存在很大程度的不可解释性，比如类似“黑箱”的机器学习算法。机器学习算法侧重于相关性分析，而不是因果分析，可能产生错误的勾连与判断；基于历史数据的机器学习算法隐含着“过去决定未来”的逻辑，以历史宿命论定义和标签每个人，某种程度上也是一种偏见。当有偏见的算法被用于司法审判时，将可能导致不公正判决，损害社会公平正义。

处理算法与人的关系，核心原则是以人为本。我们应防止算法与人的对立。例如，人工智能可以极大提高社会生产率，但对人也产生了替代。如果说人工智能完全替代人类，有些危言耸听，但取代一些规律性、重复性的人力工作，却是正在发生的事实。未来随着人工智能在各个领域的发展与蔓延，其对人类的替代有可能是全方位的。在此情况下，社会失业人群将可能迅速增加，引发贫困等社会性问题。对于个体而言，自我价值实现是最高的社会需求。人工智能的替代不仅带来个人经济收入的减少，还有个体的精神损害，影响人的心理健康。此外，以超越人类能力为导向、追求更快更强的技术唯上论，某种意义上也可能会引致紧张的人机对立关系。应该说，战胜人类并不是发展人工智能的终极目标，更好地服务人类才是其终极使命。如何在人工智能应用的过程中，避免人机对立，使科技不因技术创新的深度而失去本该有的人文温度，正成为当下算法治理的重要命题。

在特定领域，算法还可能引发特定风险。比如，在金融领域，智能算法给出的资产配置建议有可能是推荐与金融机构自身利益高度攸关的产品，涉嫌利益侵占；智能算法形成“信息茧房”，强化投资者偏见，容易掩盖金融风险的复杂性，引诱过度消费和负债，甚至误导投资者；智能算法若存在歧视投资者现象，则有违市场公平与公正；智能算法趋同导致“羊群效应”，加大金融顺周期风险等。针对这些特定领域的算法风险，我们要有应对举措。

数据是算法的基础，因此数据权利保护也成为算法治理的重点。欧盟《通用数据保护条例》(GDPR)和我国《个人信息保护法》规定数据主体享有知情同意权、持续控制权、拒绝权、可携权、更正权、删除权等权利。除了数据主体权利，法学家们还从不同角度拎出了数据相关的各种“权利”，包括数据财产权、商业秘密权、知识产权等不同权利，甚至从公共利益和国家安全的角度提出数据主权的概念。这些数据权利与数据主体权利构成了一个数据权利谱系。在这套权利谱系中，存在个人、企业、监管机构、政府部门等多个数据权利主张者。对此，需要在法理学的指导下，结合司法实践，进一步明确个人隐私保护权利、数据财产权、数据主权等各类数据权利的确权规定，以及相应的冲突解决规则和路径。

算法存在风险和缺陷，可能引发伤害，那么谁应该为算法的伤害负责？有这么一个经常被提到的案例：2018 年 3 月 18 日，伊莱恩·赫茨伯格（Elaine Herzberg）在美国亚利桑那州坦佩市骑车横穿马路，被一辆自动驾驶汽车撞倒，不幸身亡。虽然车上有安全驾驶员，但当时汽车完全由自动驾驶系统控制。这起事故提出了一系列的道德和法律问题：谁应该为赫茨伯格的死负责？是测试那辆汽车的公司？是该人工智能系统的设计者？是车载感应设备的制造商？还是坐在驾驶位上的安全驾驶员？回答这些问题，需要清晰合理地界定人工智能各方的责任边界，这其实并不容易。甚至有人提出，如果未来人工智能有了公民身份，它是否需要承担法律责任以及如何界定？是否因此而减轻相关方的法律责任，以及这样做是否合理？这些问题均值得我们认真研究。

在司法抗辩过程中，算法鸿沟值得重视。算法通常是隐秘的，或是专利，或是商业秘密。即便公开，也因技术门槛的存在，导致并非人人都能看懂。这就形成新的数字鸿沟。不懂算法的人群在利益受损时有可能并不知情，即便知情，也可能无力举证和对抗。为此，我们需要针对算法可抗辩性建立适当的司法机制和程序，以保障司法公平正义。

加强算法治理的目标并不是打击或抑制算法的创新应用，而是为了规范，并在规范中进一步促进算法技术和产业发展。从这个意义来说，加强算法技术本身及相关产品的法律保护，如知识产权、著作权、专利权保护，也是算法治理的应有之义。

总之，随着各类先进数字技术的发展与应用，我们正迎来以数据为基础、以算法为核心、以算力为支撑的数字经济时代，算法治理已成为重要的社会治理命题，有许多问题值得我们研究和探索。研究这些问题，不仅需要计算机、经济学、社会学，还需要法学和伦理学等各个学科的智慧与洞见。

《算法治理：法律与道德挑战》着重从法学和伦理学的角度探讨了算法公平、算法自动化决策的透明性和正当程序、责任、数据隐私保护、消费者权益保护、算法产品法律保护等广泛议题。每篇文章的分析逻辑严谨，细致入微，见解深刻，是难得的佳作，因此译者将其翻译成中文，希望能为我国算法治理研究者和政策制定者提供有益的参考。

值得一提的是，本书原名为“Algorithmic Governance and Governance of Algorithms：Legal and Ethical Challenges”，意涵丰富，既包含“基于算法的治理”（Algorithmic Governance），又包含“针对算法的治理”（Governance of Algorithms）。考虑到中文“算法治理”在不同语境中的含义变化，因此译者化繁为简，直截了当将“算法治理”作为中文书名。

是为序。

2021 年 10 月 8 日

前　言
Algorithmic Governance

无论是在公共部门还是私人部门，算法系统在决策过程中的应用都日趋深入，其对于个人、组织和整个社会的潜在影响是巨大的。计算机算法的应用使得多种决策过程变得更加快速高效，这是意料之中的。但与此同时，机器在授权下所做决策的范围之大、复杂程度之高，再加上这些决策的自主性本质引发了关于算法应用的透明性、公正性、隐私和可解释性缺失的相关顾虑。算法系统应用相关的操纵、偏见、审查、社会歧视、隐私和财产权侵犯等案例更是层出不穷。

当某些决策流程对人们的自主决定和人权产生重大影响，而算法系统又作为决策流程的一部分加以应用时，透明性缺失对有效检查和问责造成的阻碍就成为重要关切。除此之外，许多人工智能算法的适应性和不透明性也对隐私和非歧视造成影响——如果我们不了解机器是如何决策的，也不能确保相同条件会得出相同结果，那么公正性和公平待遇将得不到保障。

全球相关组织和政府部门正在制定治理战略，从而为个人和社会保护提供适当保障措施，例如欧盟委员会任命的人工智能高级别专家组出于上述目标，围绕可信任人工智能提出了具体建议。但是，跨学科学术研究仍然缺失，导致对算法影响的理解以及潜在法规措施的制定缺乏坚实基础。

因此，对于算法治理进步发展来讲，本书是极为受欢迎的重要成果。本书收录的论文对上述挑战进行了分析研究，为当前和未来构建国家和国际层面人工智能与机器人技术法律框架的相关讨论提供了有益参考。本书以基本原则相关研究为切入点，进而探讨行为画像、算法不透明性、劳动力和社会影响及挑战、各国隐私和安全保护相关措施等主题，此外还研究了电子人格问题。总而言之，本书对相关研究作出了重要贡献。

弗吉尼亚·迪格努姆

瑞典于默奥大学

致 谢

Algorithmic Governance

本书收录了2019年5月23日塔尔图大学举办的“算法治理：法律和道德挑战”博士生研讨会的相关成果。该研讨会由塔尔图大学信息技术法律项目、法学院、经济学和创新博士生院联合组织，得到欧盟、欧洲区域发展基金（塔尔图大学ASTRA项目）支持，并与机器人科学及人工智能法律学会（RAILS）合作举办。

本书主编向为博士生研讨会作出贡献的人士表示谢意，并感谢塔尔图大学法学院院长加布里尔·塔维茨教授、博士生项目负责人梅里克·里斯蒂基维副教授、信息技术法律项目负责人阿内特·阿维德，以及卡特里·霍斯特、克尔图·基拉斯托所给予的组织支持。另外，还要特别感谢艾伦·内格里对本书编辑所作出的卓越贡献。

本书得到爱沙尼亚研究理事会第PRG124号资金支持，以及爱沙尼亚政府资助的“机器学习与人工智能驱动的公共服务供给”研究项目（RITA1/02-96-04）的支持。

第一篇　算法治理的法律和道德挑战：绪论①

作者：玛尔塔·坎泰罗·伽米托②　马丁·艾泊斯③

摘　要：算法应用正在取代人类决策，其程度前所未有。这很自然地引发关于人工智能驱动下相关技术管理的担忧。本文概述了基于算法的决策（即基于算法的治理）所带来的潜在影响和威胁，并介绍了本领域发展现状和现行立法措施（即针对算法的治理）。

1　基于算法的技术：前景与风险

包括人工智能（AI）[1]、智能机器人技术[2]等在内的基于算法的技术[3]正在加速渗透进我们的生活，广泛应用于零售、生产、金融、交通、医疗、安全等诸多领域[4]。它们出现的形式多种多样、形态各异，比如智能手机上的私人助手、搜索引擎、翻译软件、数据挖掘程序、打分系统、医疗诊断系统、价格算法和专业交易系统；所呈现的实物载体也不尽相同，包括无人汽车、无人机、无人潜航器、外科手术机器人技术、机器人技术私人助理、社交机器人技术，等等。

---

① 本文第1~3节由马丁·艾泊斯撰写，第4~5节由玛尔塔·坎泰罗·伽米托撰写。

② 西班牙马德里金融研究学院（CUNEF）法律系、爱沙尼亚塔尔图大学法学院。

③ 德国柏林洪堡大学法学院、爱沙尼亚塔尔图大学法学院，电子邮箱：martin. ebers@ut. ee。

上述很多系统能够改善我们的生活，提高整体经济和社会效益。搭载 AI 的系统可以完善医疗服务水平[5]，提升交通运输的安全性和清洁度[6]，优化工作环境[7]，提高生产率[8]，催生产品、服务和供应链创新[9]。公共部门也因此受益颇多[10]，例如对费时费力的重复性劳动实现自动化处理，为公共部门提供更准确详细的信息、预报和预测，这反过来有利于面向不同群体提供个性化公共服务。搭载 AI 的系统甚至可以帮助我们应对气候变化[11]、新冠肺炎疫情[12] 等重大全球性挑战。

然而，与其他颠覆性技术一样，AI 和智能机器人技术在带来好处的同时，也造成了巨大风险，产生一系列道德和法律方面的挑战[13]。算法系统可能以一种不可预测的方式损害人类的生活、健康和财产，也可能影响西方社会赖以建立的基本价值观念，导致人类的基本权利被侵犯，比如尊严和自主决策权利、隐私和个人数据保护权利、言论自由和集会自由权利、不受歧视的权利、获得有效司法救济和公正审判的权利、消费者保护权利等[14]。

自动化决策或算法决策（algorithmic decision making，ADM）系统让人尤为担心。很多重要决策过去是由人类做出的，但现在要么完全交由机器决定，要么由机器辅助决定[15]。我们当下生活在一个“打分社会”里[16]，社会中的公民、消费者和法人机构愈发受制于 AI 系统做出的或者在 AI 系统辅助下做出的决定和行动。在 AI 的帮助下，对人们日常生活习惯进行跟踪打分变得更加容易。各行各业的公司对数十亿人口的数据进行收集、分析、获取、分享、交易和使用，以期发现其中的规律，通过打分系统预测人们可能采取的行为，并作出相应回应。这不仅导致存在着 AI 系统被政府部门或私人企业在违反数据保护法的情况下用于大规模监控的危险，而且将算法大范围用于辅助决策甚至于决策本身这一行为也因为可能造成歧视而饱受诟病。大量案例表明，ADM 绝不是中立的，反而会导致偏见持续发生甚至加重。相比于人类决策过程，ADM 系统带来一个特殊挑战——虽然人类决策难免产生错误或偏见，但算法决策所产生的影响更加严重，因为软件所决策的可不只是几十或上百的事件，而是成千上万甚至更多。

AI 系统还可能无意或有意地造成违规操纵行为。社交媒体平台和搜索引擎运用 AI 系统进行信息推荐、置顶和过滤，这可能对信息自由权、言论自由权、媒体多元化以及政治话语产生负面影响[17]。除此之外，一些公司或政治团体可能使用 AI 系统的相关发现去煽动或利用非理性行为，这也最终导致了著名的剑桥分析公司（Cambridge Analytica）滥用个人数据的丑闻[18]。

尤为棘手的是，现在不仅是私人公司，连政府部门也越来越多地依赖算法系统进行行为分析和预测，以便支持决策。税务部门已经开始使用算法来预测纳税申报单的滥用和欺诈行为，以决定哪些申报需要人工审核[19]。在社会保障体系中，算法被用于决定某个公民是否存在更高的违规或欺诈风险，并在系统中对其进行特殊标识[20]。在公共安全领域，许多部门使用 AI 系统识别恐怖分子[21]、开展边境往来人员筛查[22]、进行犯罪行为预测和应对（即预测性警务）[23]。美国的法院甚至使用算法预断工具来计算被告人在保释期间再次犯罪的可能性[24]。在中国，政府部门建立了社会信用体系，旨在对公民和企业的经济社会声誉进行标准化评估[25]。

AI 系统和智能机器人技术的技术特性导致其相关风险被进一步放大，包括不透明性（黑箱效应）[26]、复杂性、不可预测性以及半自主性，这些都导致难以验证相关技术应用是否符合现行法律。正是这些特征使得执法部门和相关个人缺乏有效手段来验证某个算法决定是如何做出的，以及是否遵守了相关法规。

2　从基于算法的治理到针对算法的治理

2.1　现行法律概述

目前为止，全球范围内还没有一个国家（或超国家组织）的法律法规对算法系统的相关问题特征进行整体而明确的考量。除少数个例以外，也没有任何关于 AI 系统或智能机器人技术的特别规定。诚然，目前也有针对无人驾驶汽车[27]、无人机[28] 以及高频交易的专门法规[29]，欧盟《通用数据保护条例》也包含关于完全自动化决策的相关内容，但相关条款仍十分初级[30]。在欧盟“消费者新政”下修订完成的《消费者权益保护指令》（2011/83/EU）提出，如果使用了自动生成的个性化定价，则有义务提供相关信息[31]。此外，所谓的“平台到企业”（P2B）法规（2019/1150）要求搜索引擎提供商必须“阐明对排名结果具有重要影响的主要参数（重要的单个参数和集体参数都包括在内），以及这些主要参数的相对重要性，且相关描述应以容易且可公开获得的方式来提供”[32]。除此之外，有些国家针对基于算法的自动化行政决策出台了相关规则，比如加拿大《自动化决策指令》[33]。法国《数字共和国法案》规定，在政府部门“以算法为基础”进行决策的情况下，个人有权获得关于决策系统“主要特征”的相关信息[34]。

但是，所有这些法规都只是涉及某个方面，没有就前述问题提供满意的解决方案。诚然，很多国家以及国际组织或超国家组织有一些法律、规范和规则涉及 AI 和机器人技术，从宪法原则（法治、民主）[35]、人权[36] 和（国际）人道主义法律[37]，到保护程序公正的行政法、刑法[38]，再到数据保护法、网络安全法、产品安全和产品责任法、竞争法、消费者法等能够缓解前述问题的专门法律，等等。但是，这些法律法规在制定过程中并没有特别考虑 AI 和智能机器人技术。

总之，上述情况导致很难评估现行法律法规能够在多大程度上对 AI 的负面影响进行有效监管。

2.2 现有 AI 和机器人技术监管措施概述

从 2017 年起，世界范围内很多政府部门开始制定 AI 系统推广、开发和应用的国家战略。但是，正如加拿大一位定期总结更新 AI 政策的高级政策顾问蒂姆·达顿所指出的，各个国家的战略毫无相似性可言[39]。相反，各个国家（或国际）相关战略的侧重点十分多元，涵盖研发、技能和教育、数据和数字基础设施、技术标准、AI 支持公共服务、道德和普惠性等，有时也涉及法律标准。有些国家提出了全面具体的 AI 战略（比如中国、英国和法国），有些国家将 AI 技术纳入国家科技或数字发展路线图中（比如丹麦、澳大利亚），也有国家侧重于制定 AI 研发战略（美国）[40]。

美国在此方面最为突出。美国政府在奥巴马时期就已经十分依赖以自由市场为代表的自由主义思想[41]。美国白宫科技政策办公室（OSTP）在 2016 年 10 月发布的《为人工智能的未来做好准备》[42] 报告中，对围绕 AI 研究和实践进行大范围监管持十分克制的态度。不仅如此，该报告强调政府部门应推动 AI 纳入现有监管框架，并指出很多 AI 相关的道德问题都能够通过提高透明性、强化自律合作予以解决[43]。特朗普政府也认为其角色不应是监管 AI 和机器人技术，而应该是“促进 AI 研发，增强美国人民对 AI 相关技术开发和应用的信任，强化劳动人口使用 AI 的能力，以及保护美国 AI 技术根基不被战略竞争者和敌对国家所获取”，以此来维护美国的领导地位[44]。2020 年 1 月，白宫发布了一份谅解备忘录草案，列出了联邦政府机构在制定私人部门 AI 应用相关法律规则时应该遵守的 10 项原则，但同时也再次强调最关键的是要避免监管“过度”[45]。

相比之下，欧盟的 AI 战略（2018 年 4 月发布）和 AI 白皮书（2020 年 2 月发布）所关注的重点不仅包括 AI 对竞争的潜在影响，还有 AI 造成的社会和伦理影响，并强调遵守欧洲伦理规范、法律要求和社会价值对于创建“信任生态”至关重要。

除欧盟以外，一些国际组织也积极思考未来关于 AI 和机器人技术的法律框架，比如经济合作与发展组织（OECD）于 2019 年 5 月通过 AI 原则[46]，建立 AI 政策观察平台以支持政策制定者更好实施 AI 原则[47]；联合国开展了一些 AI 相关活动[48]；欧洲委员会于 2018 年底通过《欧洲关于在司法系统及其环境中使用人工智能的道德宪章》[49]，建立临时 AI 事务委员会（CAHAI），以专门研究在欧洲理事会人权、民主和法治相关标准的基础上构建关于 AI 开发、设计和应用的法律框架[50]。

除了上述措施，过去几年还出现了成百上千、内容各异的 AI 伦理指南，政府部门、科技公司和各行业制定的伦理指南数量呈指数级增长，以至于研究人员不得不开发专门工具才能完成对大量指南的概述[51]。虽然这一工作成果值得称赞，但需要明确的是，此类软法是远远不够的。道德原则和指南等可以为后续立法工作奠定基础，为法律规则内容提供指引，但最主要的问题在于行业提出的伦理指南和自律倡议不具有约束性[52]，此外这类原则一般过于抽象，难以形成足够具体的指引。正如有观点指出的，“关于道德的辩论越来越集中于公司规避监管这一话题。由于缺乏制定监管措施的能力或意愿，有些人将道德视为一种‘容易’或‘软性’的解决方案，用于完善已有自律倡议并赋予其意义”[53]。的确，伦理指南和自律倡议不应成为逃避制定（硬性）法规的借口。

3　欧盟的 AI 战略

3.1　欧盟——全球监管标准制定者

欧盟在监管方面所做的努力尤为突出。人们普遍认为欧盟是监管规则的制定者[54]，特别是在数据保护领域出台了最为著名的《通用数据保护条例》（GDPR）[55]。虽然有人认为 GDPR 限制对个人数据的收集和使用（而这与 AI 系统密切相关）[56]，导致欧洲公司在与中国和美国等公司的竞争中处于劣势，但这并不影响 GDPR 成为迄今为止欧洲最成功的出口法规之一。自 2018 年 5 月生效后，GDPR 对美国加利福尼亚州、巴西等许多欧盟以外的国家和地区的数据保护政策和执法产生了巨大影响[57]。

在 AI 领域，欧盟似乎也有意在监管标准制定中发挥带头作用。2019 年欧盟委员会新任主席冯德莱恩宣布，在其上任后的前 100 天内“将就 AI 对人类和伦理的影响提出一体化的欧盟法律”[58]，并在现有保护法规以及人工智能高级别专家组的基础上开展相关工作，该专家组于 2019 年 4 月发布了《人工智能伦理指南》。2019 年 6 月，德国总理默克尔也同样在日本 G20 峰会上宣布，“下一任欧盟委员会将负责出台与 GDPR 类似的法规，以明确人工智能服务于人类”[59]。

显然欧盟并不是宣称将在 AI 和机器人技术治理方面发挥主导作用的唯一监管者，但是没有任何一个国家像欧盟这样立场坚定地承诺要在这一领域制定约束性新规。考虑到上述背景，本文将仅研究欧盟在算法、AI 和机器人技术监管方面所做出的政治努力，其他国家和国际组织的相关措施不在探讨范围内。

3.2　欧洲议会 2017 年 2 月决议

对于欧盟来讲，率先提出就欧盟层面 AI 和机器人技术监管法规制定相关战略的是欧洲议会。2017 年 2 月，欧洲议会通过一项《关于向欧盟委员会提出机器人技术民事法律规则相关建议》的决议[60]。该决议建议设立“欧洲机器人技术与人工智能监管局”，由监管部门人员以及外部技术和伦理专家组成，“为欧盟和成员国公共部门在掌握充分信息的情况下及时且合乎伦理地应对新机遇和挑战提供专业的技术、伦理和监管支撑”[61]，能够监测机器人技术相关应用，制定最佳实践标准，并在适当情况下提出监管措施建议，提出新的原则，解决潜在的消费者保护问题[62]。同时，该决议建议，可建立覆盖欧盟的特定种类先进机器人技术登记制度[63]。

除此之外，欧洲议会建议制定关于机器人技术的宪章，提出一套机器人研究人员和设计人员的伦理道德准则，以便使其“采取负责任的行动并充分考虑尊重人类尊严、隐私和安全的需要”[64]。另外，欧洲议会还要求欧盟委员会明确行业和自主机器人在发生伤害或损失事件时的相关责任，并在必要时制定新的规则[65]。

3.3 欧盟委员会 AI 战略和 AI 高级别专家组工作情况

2018 年 4 月 25 日，欧盟委员会发布《欧洲人工智能》政策文件[66]，2018 年 12 月 7 日又发布了补充文件[67]，提出相关战略的三个核心支柱：一是大力发展欧盟科技和产业能力，提高 AI 在整个经济中的参与度；二是就 AI 所产生的经济社会影响做好应对准备；三是确保在符合《欧盟基本权利宪章》前提下，基于欧盟价值观建立适当的道德和法律框架。

为支持该政策文件顺利实施，欧盟委员会成立了人工智能高级别专家组（AI HLEG）[68]，并特别委托该专家组起草两份文件：一是在欧洲科学与新技术伦理小组[69]和欧盟基本权利管理局[70]现有工作的基础上制定《人工智能伦理指南》；二是制定《政策与投资建议》。与此同时还成立了欧洲人工智能联盟[71]，以便为 AI HLEG 提供更多工作支持，该联盟是一个关联多种利益相关方的开放式平台，由超过 2700 名成员组成。

2018 年底，AI HLEG 提交了《可信人工智能伦理指南》初稿[72]，在公开征求意见并收到 500 余份意见反馈后，2019 年 4 月初 AI HLEG 发布文件终稿[73]，并于同年 6 月发布《可信人工智能政策和投资建议》[74]。伦理指南既不是欧盟委员会的官方文件，也不具有法律约束力；既无意于替代任何形式的政策或法规，也不会阻碍相关政策和规则的制定[75]。相反，伦理指南应被视为研究“欧洲可信人工智能”这一议题的“见证”和起点[76]。

这些指南的主要目标之一就是确保 AI 发展和应用要以人为本，AI 并不是其自我实现的手段，而是帮助提升人类福祉和自由的工具。为此，AI HLEG 提倡“可信 AI”，这一概念具有如下含义：一是合法，遵守所有适用的法律法规；二是合乎道德，确保符合伦理原则和价值观；三是稳健，从技术和社会层面都具有较好的稳健性。该文件就如何实现可信 AI 做出指引，第一章提出了 AI 应该遵守的基本权利和伦理原则；在此基础上第二章提出了 7 项关键要求（即人类代理和监督，技术稳健性和安全性，隐私和数据治理，透明性，多样性、非歧视性和安全性，社会和环境福祉，可问责性）；第三章围绕 7 项要求的实施提出了一份具体但非尽述的评估清单，为 AI 从业者提供指引。在试点阶段，各机构可以对可信 AI 评估清单进行测试[77]。

与 AI HLEG 工作同步推进的还有对欧盟安全和责任框架的评估工作，为此欧盟委员会成立了“责任和新技术专家组”[78]。2019 年底，该专家组发布了一份报告，围绕应对新型数字技术带来的挑战，就相关责任机制设计以及必要调整等事项进行了阐述[79]。2020 年初，欧盟联合研究中心（JRC）围绕“人工智能的稳健性与可解释性”这一话题也发布了一份报告文件[80]。

3.4　欧盟委员会人工智能白皮书

在上述准备工作的基础上，欧盟委员会在 2020 年 2 月 19 日发布了期待已久的《人工智能：追求卓越和信任的欧洲方案》白皮书，启动关于未来 AI 法律框架的公开征求意见工作[81]。这份 AI 白皮书还配套有两份文件：一份关于新技术安全和责任影响的报告[82]，以及一份欧洲数据战略[83]。此外，欧盟委员会还宣布将在 2020 年第四季度提出关于 AI 的约束性法规，特别是安全、责任、基本权利和数据等方面的立法[84]。

白皮书首先强调了可能对欧盟现有 AI 法律框架的调整[85]。算法决策由于无法被追踪，也就无法检查其是否合规，这意味着，诸如前文提到的黑箱效应、复杂性、不可预测性和半自主性等很多 AI 系统特性可能导致新的安全风险和责任空白，造成欧盟法律更加难以有效执行[86]。正因如此，欧盟委员会考虑对现有法律框架中关于“保护基本权利和消费者权益”以及“欧盟现有产品安全和责任立法”的部分进行评估和必要调整[87]。

除上述调整外，白皮书还指出需要制定针对 AI 的专门法律，以便“让欧盟法律框架适应当前和未来可能出现的技术和商业新情况”。在充分考虑未来 AI 监管的基础上，白皮书采用了基于风险的策略——监管干预应该具有针对性、保持适当性，因此欧盟委员会提出的新强制法规将不会针对所有 AI 系统，只适用于所谓的“高风险 AI 系统”，而“低风险 AI 系统”则可采用自愿标签机制[88]。

对于高风险情况，白皮书提出可将下列要求纳入监管框架[89]：

• 关于训练数据质量的要求，以保证数据集的代表性和全面性，且符合隐私和数据保护规则；

• 记录和数据保存要求，允许 AI 决策被回溯和验证，以支持监管检查和执法；

• 关于高风险 AI 系统使用、限制和性能等方面的充分信息和透明性要求；

• 关于高风险 AI 系统稳健性和准确性的要求，避免和减弱系统可能面临的多重风险；

• 人类参与，从决策实施的事前人类监督到实时或事后人类干预；

• 关于人脸识别等远程生物识别的特殊要求。

为确保高风险 AI 应用符合上述强制性要求，欧盟委员会计划设置事前合规性评估，包括测试、检查或认证等环节，以及“对算法和开发阶段使用的数据集进行检查”[90]。

如果欧盟委员会所倾向的基于风险的方案最终被采纳，那么明确“高风险 AI 应用”的认定标准对于保持法律确定性将至关重要，但是在这一点上欧盟委员会的声明仍十分模糊。一方面，欧盟委员会认为只有当 AI 应用所属的行业和用途都包含巨大风险时才能被认定为高风险[91]，为此欧盟委员会计划将详尽列明所有高风险行业，比如医疗、交通、能源和其他公共服务业。另一方面，欧盟委员会也承认在某些特殊情况下，AI 应用本身就是一种高风险事件，与其所属的行业无关，也同样适用于上述针对高风险系统的要求，比如白皮书提到的用于招聘、远程生物识别的 AI 应用以及“影响消费者权益的特殊应用”都属于这种情况[92]。但是，欧盟委员会具体将认定哪些 AI 应用仍然有待明确。

因此，后续工作重点是首先要明确（国家和欧洲层面）现有 AI 系统应用法律框架的缺陷，并就特定风险提出相应的监管要求。目前从白皮书内容来看，现有 AI 应用无论是高风险还是非高风险，仍全部适用于现行规则。相应地，本书剩余章节将基于不同的法律背景，进一步丰富关于 AI 技术治理层面的法律研究。

4 全书概览

随着 AI 技术快速且多样化的演进，很多问题相继出现，其中某些问题已经在前文予以讨论。如前所述，最紧迫的问题就是算法的权力。毫无疑问，AI 发展正在改变我们的世界，这一新技术的出现让算法能够进行决策或影响决策（即“算法治理”问题）。当前我们使用的线上服务大多都依赖于算法，不仅个人和企业，连政府部门也开始将决策工作放权给算法，导致隐私、非歧视、消费者权益保护、言论自由、公正审判等诸多权利受到威胁。当然，这一现象也对法律的制定、应用和解读造成影响。算法大规模普及的确引发了关于如何充分治理这一权力的大讨论，解决“算法的治理”问题是一项持续紧迫的任务。

本书对上述两个维度的问题进行了融合。相关文章探讨了算法的影响，以及可能提出的各种相应法规。本书包含对算法相关关键课题和挑战的研究，即自动化决策的透明性和正当程序、责任、隐私、消费者权益保护和著作权。

尼克拉斯·埃德主要研究算法在个人画像中日益普遍的应用，及其对隐私、非歧视和公平待遇的影响。文章主要探讨如何在不损害各项基本权利的前提下解决画像相关的挑战。文章指出，学者们在寻找解决方案的过程中忽视了不同类别基本权利之间的界限，可能最终破坏这些权利的相关性和本质。文章详细探讨了为什么律师应该对相关基本权利进行合理定义和界定，这将对规范性选择产生巨大影响。关于如何在基本权利和以机器学习数据分析创新应用为基础的增值服务之间进行取舍平衡，文章也进行了有益探讨。文章最后建议对画像所影响的相关基本权利进行狭义解读，以便充分利用机器学习算法的潜在优势。

弗朗西斯卡·帕米奥托研究了算法在刑事诉讼证据收集和决策中愈发普遍的应用所带来的影响。大多数时候，出于上述目的所使用的算法并不会被披露，导致很难评估输入数据转为输出结果的过程是否保障了公正审判权。文章重点探讨了这些算法含有代码错误的情况，因为存在算法不透明性，这些技术型、科学型或法律型错误代码仍然十分隐蔽。文章以英国警方用于辅助拘留决定、评估被捕人未来犯罪风险过程中所使用的危害评估风险工具（HART）为案例，探讨了软件算法缺乏透明性而导致错误代码十分隐蔽的问题。文章研究了相关代码错误如何影响了公正审判权和正当程序，比如对决策的可争辩性造成损害。文章最后指出，算法在刑事诉讼中的使用应配套以现有的程序保障，否则可能导致刑事司法制度混乱、基本权利被侵害。

西里·苏德和摩尔·埃里克森的论文研究了对员工植入微型芯片进行跟踪这一行为的影响，这样的反乌托邦式现象比我们想象中的还要接近现实。而这种做法只是控制劳动力的多种手段之一，其他措施还有员工电脑录屏、视频监控、键盘操作监测、位置追踪、社交媒体监测等。芯片一旦植入，其作用将无处不在，最突出的就是能实现持续性监控，而这一特点的负面影响远大于其所带来的好处，如果被用于监测员工活动以外的其他目的，将对隐私造成严重威胁。综上所述，文章详细研究了在 GDPR 背景下芯片植入对隐私的影响。文章最后认为，收集员工信息的行为应适用于 GDPR 相关条款，即便有员工同意，也难以构成个人数据处理的充足法律依据，因此用人单位应同时具有合法利益才能开展相关行为。但文章也指出光有这些仍然不够，建议应制定保护被植入芯片员工的专项国家法规（特别是要禁止强制植入芯片），芯片植入应只限于应用在员工行为监测对于履职至关重要的岗位上。

托马斯·加西亚米克围绕自主设备责任的相关问题进行了全面研究。文章以外科手术机器人为例，探讨了为自主产品赋予电子人格所带来的多重影响，这一领域存在很多有待解决的问题，引发了关于现有民事规则能否应对机器人问题的学术辩论。欧盟现行的产品安全框架已经可以覆盖自主设备所产生的部分风险，但为了提升法律的确定性，仍需要制定具体规则才能对新情况进行有效治理。文章详细探讨了已有的提案，比如前文提到的欧洲议会决议中向欧盟委员会提出的关于机器人民事法律规则的有关建议。文章最后认为，欧洲议会决议所提出的为自主设备赋予人格的建议缺乏必要性和充分性，并建议应健全现有其他措施（比如机器人生产商的强制保险制度），以便对受到自主设备损害的群体更有效地进行赔偿。

上述章节已经说明，算法并不处于监管真空的环境中，大多数情况下，现行法律框架可以适应算法应用所带来的挑战。但是，适应与否也要经过研究检查，并对是否需要制定新规则进行认真评估。费德里克·加里分析了 GDPR 和《不正当商业行为指令》（UCPD）能否有效应对行为广告所带来的问题（比如行为操纵等）。文章经过详细研究后认为，UCPD 是应对行为广告有关问题的最佳工具，并建议对 UCPD 中的消费者政策相关内容进行复审，并基于行为经济学相关观点提出了亟需调整 21 世纪“一般消费者”标准定义的建议。

贾斯珀·西姆斯研究了知识产权（IP）相关法律措施在保护人工神经网络（ANN）方面的适用性。ANN 对于深度学习来讲至关重要。文章指出，因为著作权和专利保护一般以人类为中心，因此著作权、专利等现有知识产权制度不足以对 ANN 形成保护，基本消除了通过著作权或专利法规来保护 ANN 智力创作的可能性。文章将商业秘密保护规则作为保护神经网络工作成果的另一种手段——但这种观点也没有最终定论，因为商业秘密保护规则需要做进一步完善后才能适用于 ANN。但文章认为，虽然商业秘密保护规则也有其局限性，但相较于贸然采用其他尚未成熟的、难以充分解决数据权属问题的工具，商业秘密保护规则显然是更好的选择。

最后一篇探讨的是计算机生成作品（computer-generated works，CGWs）的法律地位。Ying Ye 和迈克·阿德库克分析了中国著作权框架，探讨了 CGWs 的可著作权性和署名权问题。文章通过案例分析说明存在使用 AI 技术进行目前为止只有人类才能开展的创造性产出的可能性，比如微软小冰（一款诗歌生成软件）、阿里巴巴的鲁班（一款人工智能图像设计工具）等。文章研究了中国著作权法的范围，并分析著作权规则应用能否覆盖 CGWs。与英国著作权法明确定义 CGWs 的做法不同，中国和其他国家类似，在立法中并没有纳入这一最新概念。文章最后认为，中国的著作权法设置了“职务作品”和“法人或非法人组织作品”的概念，因此可以在现行规则下将保护拓展至 CGWs。

5　展望

AI 技术的持续发展和愈发广泛的应用带来了巨大的治理挑战，但是将算法用于决策过程所导致的法律和政治影响已超越了治理范畴，引发一系列关于算法在人类未来生活中的意义和边界的社会大讨论。适当的预判研究应考虑可扩展性的问题以及 AI 系统对商业和社会的潜在益处。就此而言，任何（重大的）立法措施都应该将法律框架建设得足够灵活以满足上述目标，并考虑好相关立法工作的可能性和局限性。从法律角度来讲，算法广泛应用对基本权利造成的潜在威胁是尤为紧迫的问题。

虽然对于快速兴起的技术采取“观望”态度是适宜的，但诸如欧盟委员会最新白皮书等提出明确监管路线图的做法也是一个明智起点。对基本权利的侵害是十分严重的问题，需要在短期内加以解决。因此，欧盟提出的基于风险的监管计划如果执行得当，将可以为 AI 发展提供民主审查和法律确定性，而这都是当前所亟需的。除此之外，欧盟的 AI 战略和政治眼光必将影响国际社会的态度，就像 GDPR 和其他领域那样[93]，欧盟所提出的框架极有可能对其他国家产生影响。欧盟委员会试图就 AI 监管支持构建可信生态体系提出明确的立场，这需要进一步探讨两个问题。

第一，欧盟委员会的目标是构建一套服务于卓越和可信的框架，其中“最重要”的就是相关要求应适用于在欧盟境内提供 AI 产品或服务的所有相关经营主体，“不管它们是否在欧盟注册成立”[94]。这意味着，部分非欧盟经营主体也将受到前文所提到的事前合规评估的约束，以证明其 AI 是技术可信与安全的，且符合欧洲价值观和规则，这对于基本权利保护至关重要。欧盟委员会明确指出了基本权利面临的相关风险，并特别提到需要确保受到 AI 负面影响的主体获得有效司法赔偿[95]。为了更好地监督和促进合规，白皮书强调了标准的作用。此外标准还有利于在未来进一步明确强制性要求[96]，在这方面有必要分析标准制定过程所遵循的价值基础。

第二，应进一步研究全球合规的协同性。目前除欧盟以外还有其他国家正在制定相关法规，2020 年 1 月美国出台了政府部门在起草 AI 法规时必须遵守的一系列原则[97]，随后又提出了《2019 年算法问责法案》提案[98]，目前正在讨论中。由于许多 AI 应用的开发需要一套复杂的供应链，因此任何立法措施都可能将产生全球性影响。

总之，欧盟委员会的白皮书虽然引起了全球大讨论，但毫无疑问是广受欢迎的，而且是一条通向 AI 法规制定、引导 AI 应用开发的明智之路。然而，欧盟的措施不应该被仓促地演变成一场监管竞赛。虽然 2020 年底提出的具体措施很显然让监管松了一口气，但立法机构不能够也不应该忽视 AI 正在不断演进这一事实。面对未来 AI 的演变，我们需要采取灵活的监管方式，从而保障欧盟框架的持久性。

由于这一领域的快速技术突破和复杂性，学者和政策制定者面临的挑战更加严峻，他们希望能够更好地理解和评估这一现象及其产生的多方面影响。本书对于 AI 相关的部分重要法律课题进行了详尽分析，为探讨后续问题和挑战提供了有益参考。

---

1 算法通常被视为“一组用于处理指令/数据以产出结果的明确步骤”，参见 Kitchin（2017）。

2 关于 AI 的常用定义同样比较模糊。其他定义可参阅 Samoili 等人（2020）、人工智能高级别专家组（2019a）、McCarthy（2007）、Russell 和 Norvig（2011）p. 1 等页。

3 目前关于机器人也没有普遍接受的定义，人工智能高级别专家组将机器人技术描述为“AI 在现实世界中运行”，但也指出机器人不等同于 AI 系统，因为机器人技术还使用了除人工智能以外的其他技术，可参阅人工智能高级别专家组（2019a）p. 4。

4 关于其他案例的概述，参见经济合作与发展组织（2019a）p. 47 等页、国际电工委员会（2018）p. 45 等页。

5 Abu-Nasser（2017）和 Gray（2018）。

6 Anderson 等人（2016）p. 9 等页、经济合作与发展组织（2019a）p. 48 等页。

7 Arntz 等人（2016）、经济合作与发展组织（2019b）。

8 Autor 和 Salomons（2018）。

9　Charalambous 等人（2019）和世界经济论坛（2017）。

10　Freeman Engstrom 等人（2020）。

11　Vinuesa 等人（2020）。

12　Kritikos、欧洲议会研究服务中心（2020）pp. 1-2；Dumbrava、欧洲议会研究服务中心（2020）。

13　深入分析参见 Ebers（2020）。斯坦福《2019 人工智能指数报告》显示，在 59 份 AI 伦理框架文件中出现最多的伦理挑战包括公平，可解读性和可解释性，透明性和可问责性，数据隐私、可靠性和稳健性，安全性，具体参见 Perrault 等人（2019）p. 149。

14　参见欧洲委员会、互联网中介专家委员会（2017）、Raso 等人（2018）。

15　参见 AlgorithmWatch（2019）。

16　Keats and Pasquale（2014）。

17　Pariser（2011）、Sunstein（2017）和 Epstein（2014）。

18　参见 Nix（2016）和 Rubinstein（2014）。

19　DeBarr 和 Harwood（2004）。

20　奥地利有关情况参见 https：//algorithmwatch. org/en/story/austrias-employment-agency-ams-rolls-outdiscriminatory-algorithm/；芬兰有关情况参见 https：//www. tieto. com/en/success-stories/2018/the-city-ofespoo-a-unique-experiment/；荷兰有关情况参见 https：//bijvoorbaatverdacht. nl/；西班牙有关情况参见 https：//algorithmwatch. org/en/story/spain-legal-fight-over-an-algorithms-code/；瑞典有关情况参见 https：//algorithmwatch. org/en/rogue-algorithm-in-sweden-stops-welfare-payments/。访问日期 2020 年 4 月 29 日。

21　欧盟委员会正在资助一项名为 DANTE 的旨在运用自动化决策来进行反恐的试验项目（探查和分析恐怖主义相关的网络内容和金融活动），具体参见 https：//www. h2020-dante. eu/，访问日期 2020 年 4 月 29 日。

22　在欧盟，匈牙利、希腊、拉脱维亚等许多国家使用“iBorderCtrl”系统，在欧盟边境对非欧盟籍人员进行安全检查，基于“欺骗行为探测”技术使用虚拟边防人员进行自动化面试，参见 https：//www. iborderctrl. eu/The-project，访问日期 2020 年 4 月 29 日。

23　Barrett（2017）、Ferguson（2012）p. 317、Rich（2016）和 Saunders 等人

(2016)。

24 这一流程在美国几乎每个州的刑事诉讼过程中至少都会使用一次，参见 Barry-Jester 等人（2015）。市面上有超过 60 种预测工具，其中很多由公司提供，包括广泛使用的 Northpointe 公司 COMPAS 系统。

25 Hvistendahl（2017）、Botsman（2017）、Chen 等人（2018）指出社会信用体系（至少目前）还没有使用 AI 技术、实时数据或自动化决策，但是外国媒体报道的却正相反。

26 黑箱 AI 指的是我们只能看到算法系统的输入数据和输出数据，而无法知晓输入和输出之间发生了什么，参见 Burrell（2016）、Leese（2014）、Mittelstadt 等人（2016）p. 6 和 Pasquale（2015）。

27 美国大多数州针对无人驾驶汽车已经提出立法或行政命令，参见美国州级立法机构协会、自动驾驶汽车州级罚单追踪数据库 http：//www. ncsl. org/research/transportation/autonomous-vehicles-legislativedatabase. aspx，访问日期 2020 年 4 月 29 日。2017 年，美国众议院通过一项《自动驾驶法案》，旨在就自动驾驶汽车提出联邦层面的监管框架，但该法案最终没有送至参议院。欧盟的情况参见《责任与新技术专家组——新技术形成》(2019)。

28 欧盟民航法规 2018/1139 就无人机操作者的登记、认证和行为准则进行了规定，但是没有直接规定民事责任，参见 Bertolini（2018）。

29 参见第 2014/65/EU 号《金融市场工具指令》（MiFID II）第 17 条、第 48 条第 6 款，以及发布于 2016 年 7 月 19 日补充欧洲议会和欧洲理事会第 2014/65/EU 号指令的关于投资公司参与算法交易组织要求监管技术标准的第 2017/589 号欧盟委员会授权条例（OJ 2017 年 3 月 31 日 L 87/417）。

30 2016 年 4 月 27 日欧洲议会和欧洲理事会关于个人数据处理及此类数据自由流动相关自然人保护的第 2016/679 号条例，废止第 95/46/EC 号指令（2016 年 5 月 4 日 OJ L 119）。GDPR 第 22 条禁止完全自动化决策，GDPR 第 13 条第 2 款 f 项和第 14 条第 2 款 g 项规定了数据控制方提供信息的特殊义务。但是这些规定的应用范围相当有限，因为它们只适用于“完全基于自动化数据流程”的决策。由于多数算法支持决策仍涉及人类参与，因此大多数自动化决策流程并不属于上述条款的覆盖范围，参见 Martini（2019）p. 10 等页。

31 根据第 2019/2161/EU 号指令修订后的第 2011/83/EU 号《消费者权益指令》

第 6 条第 1 款 ea 项，经营者可能需要告知消费者“价格已经根据自动化决策流程进行了个性化调整”。

32　第 2019/1150 号关于促进网络中介服务企业用户公正性和透明性条例（P2B Regulation）第 5 条第 2 款（2019 年 7 月 11 日 OJ L 186）。

33　加拿大政府《自动化决策指令》，https：//www. tbs - sct. gc. ca/pol/doc - eng. aspx? id ¼ 32592，访问日期 2020 年 4 月 29 日。

34　更多信息参见 Edwards 和 Veale（2018）。

35　参见欧洲委员会、欧洲司法效率委员会（2018）。

36　参见欧洲委员会、互联网中介专家委员会（2017），Raso 等人（2018）。

37　Margulies（2018）。

38　关于人工智能和行政法，参见 Oswald 和 Grace（2016）、Cobbe（2018）、Coglianese 和 Lehr（2017）。

39　Dutton（2018），还可参见 Thomas（2018）。

40　Delponte（2018） p. 22。

41　关于美国、欧盟和英国人工智能战略的详细分析，参见 Cath 等人（2018）。

42　（美国）总统行政办公室——国家科学技术理事会技术委员会（2016）。报告发布之后召开了五场研讨会和一次公开意见咨询，参见（美国）总统行政办公室——国家科学技术理事会技术委员会（2016） p. 12。

43　（美国）总统行政办公室——国家科学技术理事会技术委员会（2016）。

44　Trump（2019），还可参见 Shepardson（2018）。

45　白宫管理与预算办公室（2019）。

46　经济合作与发展组织（2019c）。

47　https：//oecd. ai/，访问日期 2020 年 4 月 29 日。

48　https：//www. itu. int/pub/S - GEN - UNACT - 2018 - 1，访问日期 2020 年 4 月 29 日。

49　欧洲委员会、欧洲司法效率委员会（2018）。

50　www. coe. int/cahai，访问日期 2020 年 4 月 29 日。

51　参见 Fjeld 等人（2020）。

52　Saurwein 等人（2015）。

53　Wagner（2018） p. 108 等页。

54 Bradford（2020）、Cremona 和 Scott（2019）。

55 Smuha（2019）。

56 基于 AI 的大数据实践与 GDPR 之间的摩擦相关研究，参见 Zarsky（2017）和 Humerick（2018）。

57 关于 24 个司法管辖区的概述参见 https：//theword. iuslaboris. com/hrlaw/whats-new/the-impactof-the-gdpr-outside-the-eu，访问日期 2020 年 4 月 29 日。

58 Von der Leyen（2019）p. 13。

59 Kayali（2019）。

60 欧洲议会《2017 年 2 月 16 日关于向欧盟委员会提出机器人技术民事法律规则相关建议的决议》（P8_TA（2017）0051）。该决议不包括非涉身认知 AI，相反 AI 被认为是"智能自主机器人"的底层要素，参见 Cath 等人（2018）。

61 欧洲议会第 16 号决议。

62 欧洲议会第 17 号决议。

63 欧洲议会第 2 号决议。

64 欧洲议会决议 p. 19。

65 欧洲议会决议 nos. 49 等页。

66 欧盟委员会（2018a）。

67 欧盟委员会（2018b）。

68 https：//ec. europa. eu/digital-single-market/en/high-level-group-artificial-intelligence，访问日期 2020 年 4 月 29 日。

69 欧洲科学与新技术伦理工作组（2018）。

70 欧盟基本权利局（FRA）是由欧盟财政资助的独立组织，于 2018 年启动了一项关于"人工智能、大数据和基本权利"的项目，以支持在上述领域提出指南和建议，参见 https：//fra. europa. eu/en/about-fra/introducing-fra，访问日期 2020 年 4 月 29 日。

71 https：//ec. europa. eu/digital-single-market/en/european-ai-alliance，访问日期 2020 年 4 月 29 日。

72 人工智能高级别专家组（2018）。

73 人工智能高级别专家组（2019b）。此外，人工智能高级别专家组（2019a）发布了《AI 定义：主要能力与学科》。

74　人工智能高级别专家组（2019c）。

75　人工智能高级别专家组（2019b）p. 3。

76　人工智能高级别专家组（2019b）p. 3。

77　欧盟委员会（2019）p. 7。

78　欧盟委员会（2018a）p. 16。

79　责任和新技术专家组——新技术形成（2019）。

80　Hamon 等人（2020）。

81　欧盟委员会（2020d）。

82　欧盟委员会（2020c）。

83　欧盟委员会（2020b）。

84　欧盟委员会（2020a）附录一。

85　欧盟委员会（2020d）p. 13 等页。

86　欧盟委员会（2020d）p. 12。

87　欧盟委员会（2020d）p. 13。

88　欧盟委员会（2020d）p. 17。

89　欧盟委员会（2020d）p. 18 等页。

90　欧盟委员会（2020d）p. 23。

91　欧盟委员会（2020d）p. 17。

92　欧盟委员会（2020d）p. 18。

93　参见 Cremona 和 Scott（2019）、Bradford（2020）。

94　欧盟委员会（2020d）p. 22。

95　欧盟委员会（2020d）p. 23。

96　欧盟委员会（2020d）p. 18。

97　白宫管理和预算办公室（2019）。

98　www. wyden. senate. gov/imo/media/doc/Algorithmic% 20Accountability% 20Act% 20of%202019%20Bill%20Text. pdf，访问日期 2020 年 4 月 29 日。

第二篇　隐私、非歧视与公平待遇：从基本权利视角应对行为画像

作者：尼克拉斯·埃德[①]

摘　要：在试图厘清行为画像对基本权利所产生影响的诸多尝试中，隐私权、非歧视权和公平待遇权之间的边界逐渐模糊。以随机、偶然无关的大规模数据集类别之间的相关关系为依据来对个人进行评估和区分，这样的行为已经十分普遍，众多学者也在努力形成一套系统性的应对方法。本文对这一行为提出了应对措施，并就相关权利划清明确边界。文章认为，应当对非歧视权做狭义解读，大多数行为画像都不适用于该项权利。将非歧视权的适用范围扩大至其他特征项目会破坏该权利的重要特质，妨碍其有效制止最为恶劣、最应受到道德谴责的差别化对待行为。与之相反，隐私权的范围是开放的，可以进一步演化以应对新型挑战。但是，所有权利中最有潜力支撑构建行为画像规范框架的是公平待遇权，这项权利潜能巨大，却没有得到充分认识。将公平待遇权纳入研究框架有利于激发、组织和应对围绕基于机器学习的数据分析的社会大讨论，而这种讨论是我们目前迫切需要的。公平待遇权应用方面所遭遇的困难体现了一个更加严峻的社会挑战。无论是基本权利律师还是整个社会，都需要解答的一个共性问题

① 美国耶鲁大学法学院，德国柏林洪堡大学欧洲法学院，德国莱比锡大学。电子邮箱：niklas. eder@ uni-leipzig. de。

就是——如何将生产知识和区分个体的新方法融入到我们理解世界、逻辑思考、区分彼此的现有常规方法中去。

1　引言

关于人工智能（AI）可能带来的颠覆性影响，科学家、政客和记者的相关论述不计其数[1]。对于某个领域来讲，机器学习（ML）算法的影响已经不只是潜在的或虚构的，而是已经成为现实——这个领域就是对人类行为相关数据的分析，也被称作行为画像（behavioural profiling）[2]。行为画像主要从广告业中发展起来，其目的是更精准地定位潜在客户。但是现在行为画像被广泛用于多种领域，对生活产生方方面面的影响，比较典型的例子是金融、健康和安全，此外还有很多其他领域[3]。

同时，学界正在研究行为画像对基本权利的影响以及应对措施。在试图厘清相关影响的诸多尝试中，隐私权、非歧视权和公平待遇权之间的边界逐渐模糊。本文将重建上述权利之间的边界，并就构建行为画像规范框架提出建议。下文主要分为三个部分：第一部分描述了行为画像的过程，指出其对基本权利研究的挑战；第二部分介绍了各项权利的范围以及所追求的目标和价值导向；第三部分探讨相关权利在应用中的挑战，并就应对的切入点提出建议。在上述三部分中，本文将回答以下问题：如果评估和对待某个人的依据是机器学习算法通过分析大规模数据集而识别到的随机类别之间存在的相关关系，那么这对我们来讲意味着什么？哪些基本权利受到了行为画像的影响？基本权利的实施有哪些挑战，以及如何应对这些挑战？《欧盟基本权利宪章》（CFR）和《欧洲人权公约》（ECHR）为我们提供了可参考的范本，可以移植到其他地区的类似基本权利上。

作者认为，对非歧视权的适用范围应采取狭义解读，该权利并不适用于行为画像的多数情况。基于机器学习的数据分析存在很多非歧视问题，而以随机类别之间的关联关系为依据对个人加以区分的行为并不在其中之列。非歧视权是一项非常独特的权利，它在很多问题上都不适用，而只能用于应对最为恶劣、最应受到道德谴责的差别化对待行为。如果将非歧视权的适用范围扩大至行为画像，虽然会增强对各行各业全体人群的保护，但却同时牺牲了对于弱势群体和敏感行业人群的特殊保护。过于宽泛的解读将冲淡非歧视权的法律和道德力量，得不偿失。与之相反，隐私权的范围是开放的，可以进一步演化以应对行为画像带来的新挑战。一些知名的学术讨论侧重于如何推进隐私权的演化，却没有探讨是否应该推进这一演化。作者认为，不应该对隐私权的价值观进行演化，不应该推动该项权利从个人权利向集体权利的结构化转型。任何提倡将群体身份视作值得保护的价值观的建议都可能会削弱隐私权的根基。

本文的主要研究对象是公平待遇权。本文摒弃了行为画像技术的唯一目的是对个体进行差异化区分这一观点。行为画像的广泛应用催生了个体差异化区分的新模式，而公平待遇权的目的就是评估差异，因此其完全可以作为制定基本权利应对措施的切入点。尽管如此，将公平待遇权应用于行为画像也存在巨大挑战，尤其是机器学习算法，因为算法进行比较和区分的规范基础与人类直觉以及法院常规使用的规范基础之间是对立的。常规方法是以所研究问题内部的因果关系为基础进行情况比较，而机器学习算法则是考虑了所有可获取的信息，基于关联关系来决定差异的相关性。基本权利学者在面对行为画像时需要解决的一个严峻问题就是——是否应该将机器学习算法开展比较和区分的新方式融入到公平待遇权的常规评估框架中，以及如何进行融入。

2　挑战分析

为了更好理解当前基本权利面临的挑战，作者将简要介绍行为画像的概念及其技术流程（第2.1节），并论述在研究行为画像对基本权利影响的过程中，对基本权利的区分都面临着哪些挑战（第2.2节）。

2.1　行为画像

画像是指对个体待遇进行定制化的行为。行为画像涉及多种类型的画像[4]，本文将采取比较广义的解释来作为讨论基础——当所分析的数据（即输入）或所产出的信息（即输出）与人类行为相关时，此时画像就被认为是行为画像[5]。但是，无论输入还是输出都不局限于仅仅描述行为。输入数据所涉及活动有的看起来十分随机，比如点击动作、鼠标移动规律或某人滚动社交媒体账户页面的速度，有的活动则相关性十分明显，比如去某家餐馆的次数、行动轨迹和金融交易。输入端通常还包括与行为无关但与某人所处状态相关的信息，比如雇佣状态、职业人脉或生活现状。同样地，产出信息有的与行为相关，比如购物和旅游偏好；有的与状态相关，比如金融资源、健康情况或社会环境。因此，界定某种画像是否是行为画像的依据主要是与行为相关的信息，但也不排除其他类型的信息。

要理解基于机器学习的用户画像的技术流程，首先要明白两个概念：群体和相关性[6]。分组是画像的流程之一，简单来说就是：算法根据个体的输入数据对其进行分组[7]。个体分组所依据的类别是开放性的，当个体在某一类别中的数据点相近时，就会被划分到同一个组。在这种情况下，任何群体都不是一个稳定、封闭的组织，大量群体之间是存在部分重合的，且其构成会随着个体行为的变化而持续变化。同时，在数据点的聚合作用下，每个个体都将成为众多群体中的一员。

为了给之前从未接触过的个体进行画像并推断出个体信息，机器学习算法会发掘群体和结果之间的相关性。画像的生成包括两个步骤：第一步，算法通过大量数据集训练，建立输入数据和结果之间的统计相关性，并以此作为产出知识[8]。训练数据集可以完全使用匿名数据，使得知识产出过程不在《通用数据保护条例》（GDPR）覆盖范围之内[9]。第二步，产出的知识被用于评估个体案例[10]。当群体中的算法能够预测某特定结果时，与个体相关的数据将会与该群体进行匹配。根据之前确定的相关性和规律，算法将计算某个体案例中发生某结果的概率[11]。对个体案例的分析往往都是从相对无害的输入数据开始，比如点击动作、鼠标移动规律或页面滚动速度，但最后输出的结果可能会极度敏感或对经济决策有决定性作用，比如性取向、心理状态或财力水平[12]。推断未知信息并进行预测，然后将其作为个体评估的依据，正是基于机器学习的分析之目的[13]。这一信息最后被用于进行个体待遇的差异化。

2.2 基本权利区分的困难

关于行为画像对机器学习影响的研究相当广泛且多样[14]。在就如何区分隐私权、非歧视权和公平待遇权提出具体建议之前，本文将先就区分上述权利的难点（同时也是重点）进行分析。在大范围的学术探讨中，有两方面最受关注。虽然这两方面互相关联，但每个方面又有自己独特的侧重点。

第一个方面来自于对个人和群体生成信息量激增的隐私方面的顾虑[15]。有一个观点最先引发了本研究的关注，即导致大量个人信息（往往是私密信息）暴露的原因不再是数据收集，而是通过大量数据集分析进行的知识生产[16]。同时有学者指出，数据分析的主要对象不再是个人，而是群体[17]。基于上述两个观点，学界重新评估了现有法律和权利的效用，并认为它们无法再提供有效保护。为此，学界一方面呼吁制定基于机器学习的数据分析所必须遵守的标准，比如明确可解释性[18]、透明性[19]和合理性[20]的要求。另一方面，学界试图打破现有法律和权利“以人类为中心”的局限[21]。有学者认为，既然基于机器学习的数据分析的主要对象是群体，那么隐私和数据保护权利也应该适用于群体[22]。正是这种对“群体隐私”的呼吁导致隐私权和非歧视权之间的界限逐渐模糊。

第二个方面研究的基础是反歧视法，主要研究国家（特别是自由主义的民主国家）和公司在获取机器学习算法生成的信息后，是如何对个体待遇进行调整的[23]。这一领域的学者主要面临两个挑战：第一个挑战是如何识别隐性歧视[24]。只有在极少数情况下机器学习算法会以受保护类型数据为依据直接进行差异化对待，因为根据 GDPR，与受保护类型相关的数据较为“敏感”，严格禁止其使用（GDPR 第 9 条）。尽管如此，数据集通常包含与受保护类型相关联的信息，而算法可依据替代数据进行歧视。除此之外，学界还研究结构性偏见在机器学习算法中的表现形式[25]，从而揭露算法开发和部署过程中数据集的结构性偏见如何导致行为画像最终生成偏见性结果。识别隐性的结构化偏见的确非常重要，但也困难重重。然而如何对基本权利加以区分并不是学界在这个问题上面临的主要挑战，因为很明显，在这一问题上唯一相关的权利就是非歧视权。真正困难的是第二个挑战，即如何在关于机器学习数据分析的非歧视研究中对不同基本权利加以区分，这才是真正困难同时也无比重要的问题。第一个挑战的解决伴随着第二个挑战的出现——当机器学习算法差异化所依据的分类与受非歧视权保护的类型之间没有明显或隐藏的联系时，第二个挑战就出现了。因为行为画像涉及的群体与通常受到非歧视权保护的群体之间存在结构性差异，因此所产生的问题就是：非歧视权的范围是否应该扩大至第一个群体，以及如何扩大。非歧视权是否适用于那些以随机类别之间的关联为依据而划分出来的群体？如果是，那么在何种情况下适用？在试图回答这些问题的过程中，非歧视权与其他基本权利之间的边界成为了问题。学界暂且放下了那些耳熟能详的基本权利，转而开始研究“算法公平”的概念[26]。学者们以数据保护相关权利和反歧视法为基础[27]，再次模糊了基本权利之间的边界。

虽然在面对新技术的时候，模糊边界可能带来新的研究成果，也可能存在一定必要性，但清晰明确的概念仍然是我们成功彻底地分析行为画像影响的重要前提。隐私权、非歧视权和公平待遇权仍然是我们构建规范框架的重要支柱。接下来，为了更好地划清这些基本权利所面临的挑战，作者将明确这些权利的范围以及规范基础。

3 隐私、非歧视和公平待遇

评估行为画像对基本权利的影响存在两个层面的困难，一是适用范围，二是基本权利的规范基础。对于行为画像来说，现在不仅没有明确上述权利是否适用于行为画像，关于每一项权利所维护的目标和价值观，以及这些目标和价值观是否受到了行为画像的影响，也是存在争论的。作者首先探讨隐私权（第 3.1 节），然后讨论非歧视权和公平待遇权（第 3.2 节）。本文将以 CFR 和 ECHR 为例对上述权利进行描述，这些描述也可用于其他国家或地区的相似基本权利。

3.1 隐私权

隐私权要求更多配套保障措施（第 3.1.1 节）并服务于实现自由主义民主国家的基本价值观（第 3.2.2 节）。

3.1.1 权利的范围

CFR 第 7 条[28] 和 ECHR 第 8 条第 1 款[29] 关于私人生活权（即隐私权）的描述几乎完全相同[30]。此外，CFR 第 8 条也提出了数据保护权的概念，欧洲法院（ECJ）认为数据保护权是隐私权的一种特殊表现，至少在重大案件中要与 CFR 第 7 条一同评估[31]。根据 CFR 第 52 条第 3 款和第 53 条，对 CFR 的解释要以 ECHR 为依据，CFR 最低要提供与 ECHR 同等的保护，甚至更多保护。在应用 CFR 的过程中，欧洲法院很大程度上参考了欧洲人权法院（ECtHR）对 ECHR 相关权利的解释[32]，而且正是欧洲人权法院的判例法对确立隐私权保护的具体保障措施起到了决定性作用[33]。

欧洲人权法院提出的隐私概念包含大量保障措施[34]。该项权利指出，国家在积极保护隐私方面不仅负有消极义务，也有积极义务[35]。欧洲人权法院认为，对“私人生活”的概念和权利范围进行详尽定义既不可能也没有必要[36]，只是列举了一系列对隐私保护十分必要的保障措施。除了保障身体、心理和道德完整性的措施外[37]，隐私权还包括对个人形象[38]、个人名誉[39]、个人信息[40] 的保护以及不受国家监控的保护[41]。另外，隐私权还包括以下保护措施：自主选择性别身份的权利[42]、知晓出身的权利[43] 以及按照个人种族身份生活的权利[44]。现有保障措施并没有明确提及个人和群体信息生成的问题，也没有解决使用上述信息对个人和群体进行差异化区分的问题。要想回答机器学习数据分析是否属于隐私权范围，只能通过研究隐私权的目标及其内在价值观来确定。

3.1.2　目标和价值观

隐私权所追求的目标也很多[45]。欧洲人权法院解释称，隐私权除了维护个人身体和心理完整性这一直接目标以外，还有保护个人身份认同、个人发展以及自由自主决策的目标[46]。另外，为保护自由自主决策，欧洲人权法院将个人自主性作为其解释隐私权的重要原则[47]。欧洲人权法院所指出的隐私权目标的多样化也体现了一直以来围绕该权利底层价值观的各式各样的学术辩论。

虽然争论尚存，但有一点是确定的——自由和尊严共同构成隐私权的基础。有学者认为，自由的底层价值观影响了美国人对隐私权的理解，而尊严的底层价值观则影响了欧洲人对隐私权的理解[48]。但是，将欧洲对隐私的理解局限于尊严价值观，显然与欧洲人权委员会对隐私权的广义解释背道而驰。无论是明确提出的目标，还是欧洲人权法院判例法中建立的保障措施，都表明自由和尊严都是隐私权的基础。诸如不受国家监控的自由、以个人选择的种族身份生活的自由等保障措施是为了保护自由；而保障个人对自我形象的掌控、对个人声誉的掌控、知晓个人出身的权利等措施则与维护人类尊严更加相关。不少学者进一步研究欧洲人权法院关于隐私权目标的解读之后认为，甚至应该摒弃自由和尊严的二元论，因为个人发展和身份认同、个人自我实现的自由、个人自主性等的根基既是自由，也是尊严。自由、尊严和隐私之间的密切关系也充分体现在部分欧盟成员国关于隐私权的宪法建构和发展历史中，这也进一步促进隐私权发展成为欧盟内共同的宪法原则。以德国为例，虽然德国基本法（GFL）没有明确承认隐私权，但德国宪法法院在个性自由发展权之上构建了隐私权，而个性自由发展权的基础也是宪法中的自由权（GFL 第 2 条第 1 款）和尊严权（GFL 第 1 条第 1 款）[49]。同样在法国，隐私保护逐步演化为保护个人尊严免受过度媒体曝光侵害的工具[50]。这些都说明自由和尊严是共存的两个基础支柱，支撑着隐私权的构建。

3.2 非歧视与公平待遇

非歧视权和公平待遇权在范围（第 3.2.1 节）、目标和价值观（第 3.2.2 节）等方面是相互关联的。

3.2.1 权利的范围

欧盟法律中，非歧视权和公平待遇权是在两个不同的条款中予以确立的——CFR 第 21 条第 1 款确立了非歧视权[51]，CFR 第 20 条确立了公平待遇权[52]。ECHR 第 14 条和第十二议定书[53] 仅保障了非歧视权，CFR 第 20 条在 ECHR 中没有对应的条款[54]。

欧洲人权法院对于非歧视权进行了非常广义的解释[55]。ECHR 第 14

条和第十二议定书第 1 条中的受保护类型清单是开放式的，规定禁止以“诸如”清单明确列示的原因为由开展歧视行为。欧盟人权法院对“诸如”一词进行了宽泛的解释，并在清单中明确列出了各种各样的类型，以确保所提供的保护足够广泛深远[56]。欧洲人权法院指出，如果某种对待方式的依据是“将个体或群体与其他个体或群体区分开来的个人特征（‘状态’）”，那么该对待方式就是歧视性的[57]。欧洲人权法院强调，需要保护的特征不一定非得是“天生的或内在的个人化”特征[58]，相反法院设定的门槛是非常低的——只要是“可辨认的”或“客观的”特征即可[59]。

虽然同样提出了同等保护的要求并采用与 CFR 第 21 条类似的开放式结构，欧洲法院对于 CFR 第 21 节的解释与欧洲人权法院对 ECHR 第 14 条的解释不尽相同。欧洲法院规定，受到非歧视权保护的特征仅限于清单中明确列示的项目[60]，同时为了提供同等标准的保护，欧洲法院更多依赖于 CFR 第 20 条公平待遇权的应用[61]。因为非歧视权和公平待遇权二者是相关的，因此用公平待遇权来弥补非歧视权的应用限制，这种做法是可行的。欧洲法院认为，非歧视权“仅仅是平等总体原则的一个具体例子”[62]。两种权利的保障措施相似，结构也相同，任何潜在违反权利的行为都要被调查。欧洲法院解释称“公平待遇原则和非歧视原则都要求同类情况不得区别处理，而不同情况不得用相同的方式处理”[63]。当对潜在违反两项权利的行为进行评估时，欧洲法院首先要比较两种情况是否相同。只有做完上述比较后，欧洲法院才能决定哪些行为违反了权利，以及对个人的待遇是相同的还是有差异的。

然而，尽管非歧视权和公平待遇权有相似之处，二者也存在重大区别。当对两种情况进行区分时，公平待遇权并未明确哪些条件是不得纳入考虑范围内的，这与非歧视权存在明显不同。这就使得公平待遇权可能变成一种无限的权利，意味着在与基本权利相关的情形中所有区分行为都适用于公平待遇权。“个人特征”或其他状态，以及其他类别和类型的信息只要与某个人的“事实和法定情节”[64]相关，则都可以应用公平待遇权来解决。为缩小公平待遇权的适用范围，欧洲法院提出在 CFR 第 20 条下两种情形判定为相似或不同需要满足一定条件。欧洲法院将进行一般性测试，评估区分两种情形所依据的因素是否导致两种情形从本质上存在差别[65]。换句话说，无论是某人存在相似特征但仍被区别对待，还是某人存在不同特征但仍被以相似的方式对待，公平待遇权①并不是每种情况都适用。只有之前被忽视或错误认定的相似之处或不同之处使得两种情形“从本质上”相同或不同时，公平待遇权才会适用[66]。要判定哪些因素导致了本质区别，这是一项复杂的工作，只有在同步考虑公平待遇权的目标和价值观的情况下才能完成。

3.2.2 目标和价值观

在分析了非歧视权和公平待遇权的异同点之后，可以发现二者的首要目标是相同的，即禁止某些特定类型的差异化区分行为。说得更明确一点，就是每项权利所追求的价值观取决于其所禁止的差异化区分行为之类型，也取决于情况区分中不可接受的类型。禁止规定主要有三类：第一种是禁止基于非歧视权中明确列示的项目所进行的差异化区分行为；第二种是禁止基于“诸如……等”中所列示的项目而开展的差异化区分行为；第三种是公平待遇权所明确的一般性禁止规定。

关于第一种以明确列示项目为基础的差异化区分行为，由于对此种行为的禁止规定十分明确，因此本文对于其价值观的论述将比较简短概括。这一条禁止规定的保护对象是大量之前被边缘化、处于结构性弱势地位或脆弱的群体，反对种族歧视、性别歧视、反犹太主义等造成过巨大伤害或出于某些原因与 CFR 和 ECHR 精神相违背的狭隘思想。基于上述思想观点而开展的差异化区分行为不仅十分恶劣，而且

① 译者注：原文此处为“the right to no equal treatment”。按上下文理解，此处译作“公平待遇权”。

应受到道德谴责，因此是违法的行为。只有当第二种禁止规定也纳入考虑范围时，对于第一种禁止规定的细致研究才变得十分必要。

第二种规定禁止的是基于“诸如……等”中所列示的项目而开展的差异化区分行为，这种规定所追求的价值观更难把握。要定义这种禁止规定所追求的价值观，一个前提条件就是要更加充分地掌握那些受到非歧视权保护但却没有明确列示的项目。无论是 ECHR 第 14 条还是 CFR 第 21 条，都没有指出这些项目所共有的特征是什么，不过有一个要求将它们联系在了一起，即它们必须是“诸如……等”中所列示的项目。因此，要想得出所有项目的共有特征，就需要先厘清已明确列示项目的共性。

对于梳理受保护项目的共性，欧洲人权法院的判例法所能提供的指导十分有限。欧洲人权法院在应用 ECHR 第 14 条时，对“诸如……等”限定事项不甚重视[67]，认为受保护项目清单“是示例性的而非详尽的”[68]，并且大幅扩展清单范围，将雇用等也纳入清单事项[69]。上述做法的目的显而易见——通过采用广义的解释，欧洲人权法院可弥补对于整体公平待遇权的缺失。虽然在试图扩大保护的尝试中，这种采取广义解释的做法是可以理解的，但却意外混淆了两种权利之间的界限（如果不是故意的话）。

为了厘清概念并提高与欧洲法院判例法的一致性，对受保护项目之共性进行更加狭义的定义是十分明智的[70]。“诸如……等”的内容来自于明确列示项目的共性。列示项目的共同点是它们都与对个人生活十分重要的特性密切相关，而且这些特性对个人生活的影响十分深刻，是个体无法改变的（比如性别、民族、肤色和基因特征）或者是个体不必违背自身选择去改变的（比如宗教、信仰以及政治和其他观点）[71]。因此，在评估某项目与明确列示项目是否相似的时候，需要分为两个步骤：第一步，需要判定某项目所描述的特性是否对个人生活十分重要，且具有深刻的影响以至于个体无法改变它，或者不必违背自身的基本选择去改变它。对于最后一种项目的评估尤为复杂，因为这隐含着另外一个规范问题——什么样的个人选择如此深刻，以至于能够成为某个人的特征？第二步，需要进行规范判断来决定某个特征是否应该受到与明确列示项目一样的保护，以及基于该特征而进行的歧视行为是否也应该同样受到道德谴责。最后，禁止基于“诸如……等”明确列示项目而进行差异化区分的规定，其所追求的价值观与最初的禁止规定是一样的，那就是禁止情节恶劣的、需要受到道德谴责的差异化区分行为。第一类特征保护人类免于因为某些其所不能改变的特性而受到指摘，第二类特征则是保护人类的基本选择，特别是生活中敏感领域的基本选择。

至于公平待遇权，要明确其底层目标则更加复杂，“平等”只是描述目标的开始。“平等”的概念比较模糊，其内涵取决于各情况之间的比较方式。如果我们用描述身体状况的特征项目来对两个人进行比较，那么可能得出的结论是这两个人是相似的。如果用描述点击动作、移动规律和购物习惯的特征项目来对同样两个人进行比较，那么得出的结论可能是这两个人是不同的。只有当明确了使用何种依据进行情况比较和差异评估之后，我们才能构建出公平待遇权的底层价值。因此，如果将公平待遇权的底层价值纳入考虑范围，则需要我们预先对比较和区分的过程具备更深刻的理解。

对于差异重要性的比较和决定过程意味着要做出规范选择，而这种选择是无法从公平待遇权的表述中推测出来的。此处所说的规范选择与我们所熟知的形式平等和实质平等之间的冲突没有多大关系[72]。真正与规范选择相关的问题是：在对情况进行比较和区分时，什么特征项目被认为是重要的、什么观点被认为是合理的？在进行任何比较前都需要预先明确以下两方面的选择——特征项目的选择和论证方式的选择。上述选择构成了情况和个人得以比较、公平待遇权得以应用的规范基础。但也不能过分强调它们的重要性，因为它们预先定义了要在比较和公平待遇权应用过程中才能得出的结论。要理解欧洲法院应用公平待遇权所服务的是哪些价值观，我们需要明白欧洲法院评估该权利的规范基础是什么。欧洲法院没有解释其如何对特征项目进行定义，以及在评估比较和决定是否存在实质性差异时采用何种论证方法。“同类情况不得区别处理，而不同的情况不得以相同方式处理”的信条只是提出了问题，而没有解决问题[73]。欧洲法院提出的“如果两类人的事实和法律情况没有显示出实质性区别，则说明违反了公平待遇原则”[74]的规定，似乎也没有多大作用。“事实和法律情况”的范围太宽泛了，基本不会具体到相关因素。而一些解释（比如两种情况要在“有可比性”而不能“完全相同”时才能被认为是相似的）也并没能使概念更加清晰[75]。

虽然欧洲法院没有明确说明评估的规范基础，但可以通过对其判例法的综合观察来得出。规范基础遵循一种常规的、凭直觉的方式，这种方式由被研究主体和因果关系共同决定。欧洲法院对情况评估所依据项目的选择会受到被研究主体的影响，而如何定义这些项目之间的相关性则由因果关系决定。假设被研究主体是道路安全，那么驾驶员的身体状况（特别是视力）则是重点考虑项目[76]。而为什么身体状况对于评判一个人的驾驶能力很重要，可以通过因果关系来解释：如果驾驶员视力不好，那么他或她就无法安全操作车辆[77]。

回到最开始的问题：公平待遇权追求哪些价值观？可以这样总结——公平待遇权追求的是对个人差异化区分的适当性。某种差异化区分行为是否适当，取决于其底层的规范选择。对于欧洲法院来讲，如果某种差异化区分能够与被研究主体相呼应，并且以因果关系为依据，那么则是适当的。

4　挑战的划分和应对

在本文的最后部分，作者将在充分考虑每种权利的范围、目标和价值观的基础上，评估行为画像对每种权利的影响。本文将先对挑战进行划分，然后提出应对建议。首先研究的是隐私权（第 4.1 节），之后是非歧视权和公平待遇权（第 4.2 节）。

4.1 群体隐私作为隐私权的保障措施

前文已经指出，欧洲人权法院和欧洲法院没有对隐私权做出最终定义，而是就保护隐私权提出一系列必要的保障措施，从而赋予隐私权一种开放性的特质。在新技术面前，这种处理方式利大于弊，有利于隐私权范围灵活调整去适应新的挑战，更有效地实现该项权利的目标、保护其追求的价值观。

在个人信息保护权（CFR 第 8 条[78]）的对比下，隐私权在应对新型隐私挑战方面的独特潜力展现得淋漓尽致。数据保护权的定义十分明确——保护“已经被识别的”或“可被识别的”自然人的“私人”数据[79]。这个定义十分清晰明确，但也很僵化，难以应对新型数据分析所带来的新威胁[80]。学界已经表明，数据即便不是私人的，也可能对个体隐私构成侵犯[81]。机器学习数据分析越先进，对“已经被识别的”或“可被识别的”自然人数据的依赖就越小。因此，目前认为数据保护权无法在未来提供足够的保护。与之相反，隐私权的范围因为是开放式的，所以能够适应技术变化。

隐私权的基础既有人类自由，也有人类尊严。欧洲人权法院在判例法中已明确了对个人发展、自由的自我实现和个人自主性的保护。在思考隐私权是否适用于机器学习数据分析时，学界必须回答的问题并不是隐私权的某个保障措施是否适用，以及机器学习数据分析是否因此而纳入隐私权的范围。真正的问题是要回答隐私权的目标和价值观是否受到影响，以及是否会触发保障措施的应用。隐私权范围能够也必须在其目标和价值观的基础上进行重新定义。目前已经有令人信服的观点指出，基于机器学习的数据分析即便没有使用私人信息，也能对个人发展、自由的自我实现和个人自主性造成影响，并连带着影响到个人自由和尊严[82]。因此有必要对当前构建的保障措施进行补充完善，增加能够有效应对新威胁的新措施。

隐私研究领域的学者面对的挑战是要明确基于机器学习的信息生成方式存在什么影响，这些影响如何侵犯了隐私权所保护的事项，以及需要哪些保障措施来防范相关影响。在回答上述问题方面，学界围绕群体隐私这一概念的研究大有希望，但是，概念的清晰性也同样重要，对隐私权的范围和隐私权的目标及价值观进行区分是关键。无论是范围还是目标及价值观，都使用了“群体隐私”的概念，指的既是权利的价值观也是范围。有些学者认为，“群体隐私”也是一项需要保护的价值观[83]，群体身份与个体身份的构建方式相似，因此也值得保护[84]。这种观点只对隐私权的价值观和目标进行演化，而没有对范围进行演化，会弱化隐私权的基础。隐私权的基础是个人自由和尊严，保护的是个人发展、自我决策和身份认同。在隐私权多样化发展的历史中，这些价值观发挥着稳定器的作用，是权利范围动态演化的基础底座。

其他学者认为群体隐私是一种保障措施，应该补充到隐私权的范围中——这种观点有着更好的发展前景。有学者指出，保护群体信息对于更有效地保护个体十分必要[85]。通常来讲，群体的从属关系是决定个体在行为画像中受到何种看法和待遇的因素，因此为了保护个体，必须同样保护群体。这种看法与对隐私权的动态化解读相一致，隐私权的保障措施持续演进，而其目标和价值观是不变的。

4.2　不是非歧视，而是公平待遇

不计其数的群体是以微小行为为依据划分出来的（至少看起来是这样），这些群体大多数与非歧视权所明确列示的项目并不匹配。要想将非歧视权适用于上述群体的唯一办法，就是对“诸如……等”这种

说法进行非常广义的解读，并且将大量新项目增补到开放式清单中，即便这些新项目与已经明确列示的项目之间关联度很低，甚至没有关联。欧洲人权法院判例法正在朝着这个方向发展，保护所有可识别的、客观存在的或私人的特征[86]。考虑到非歧视权的目标和价值观，上述方式并不是正确的方向。

对于任何多元化社会，非歧视权都是一项必不可少的权利，其目的不是禁止所有差异化区分行为，而是要禁止最恶劣、最应受到道德谴责的区分行为。那些历史上被边缘化、结构上处于社会底层或弱势的群体需要更多保护，而非歧视权给这些群体的个体成员赋予了独特地位，保护个体不会因为其无法改变的特质或在生活中敏感领域所做的关键选择而受到指摘。通过对“诸如……等”进行广义解读的方式来扩大非歧视权的范围，将会冲淡该权利在法律和道德层面具有的独特力量。这样一来，基于随机类别开展的歧视行为将与应受道德谴责的歧视行为一样，被赋予同等地位。广义的解读将会加强对社会各领域所有个体的保护，但却牺牲了对于弱势群体和敏感领域人群的特殊保护。这种方法是不可取的。

恰恰相反，对“诸如……等”这一概念应采取狭义方式来解读，并且只能包括与明确列示项目相似的项目。判断某项目是否相似，需满足以下条件：第一，该项目与个体生活的重要特性息息相关，且影响之深刻以至于个体无法改变它，或者不必违背自身的基本选择去改变它。对于第二种项目，还要确定个体在这些项目上所做出的选择对其生活有着深刻影响，以至于应该被视为该个体的特征。第二，基于某项目进行的歧视行为也同样应受到道德谴责。从这个角度来讲，非歧视权并不适用于大多数项目以及行为画像中形成的群体。行为画像中个体区分所依据的项目和群体大多都粒度太小、太过随机、不够稳定，难以视为与非歧视权所明确保护的项目和群体存在相似性[87]。诸如点击动作、鼠标移动规律和个人社交媒体页面滚动速度等项目与个体生活的重要特性没有关系，也没有对个体产生深刻影响以至于个体不能也不必违反自己的选择去改变它。这些项目与明确列示的特征没有相似性，事实上，它们根本都算不上是特征，基于这些项目所进行的差异化区分行为本身也不必受到道德谴责。它们不是明确列示的项目，不会也不应该适用于非歧视权。行为画像提出了新威胁，我们有必要相应地增强保护，这是事实，而我们对非歧视权范围的狭义解读的确限制了该权利的范围。虽然对于非歧视权没能保护我们免受行为画像的伤害，有人可能觉得遗憾，但要知道，非歧视权的初衷从来都不是针对以随机项目为依据而进行的差异化区分行为。而坚持对其范围进行狭义解读反而能保证非歧视权去保护那些最需要它的人，这样一想，我们也许会宽慰许多[88]。

与非歧视权相反，公平待遇权反而是最有潜力搭建出完善的行为画像规范框架的权利，但很少有人意识到这一点。不同于非歧视权，所有类型的差异化区分都可以由公平待遇权来解决，因此公平待遇权的范围可以完美适用于行为画像。这项权利的范围并不局限于某些特定项目、弱势群体、某些特征或是影响个体生活的敏感选择，也不是只解决那些应受道德谴责的差异化区分行为。公平待遇权适用于以任何事项为依据而进行的差异化区分行为，无论是以性别、种族或民族等受保护特征为基础所形成的群体，还是那些以随机且微小的行为为基础而划分出来的群体，任何群体都受到公平待遇权的保护。

公平待遇权对行为画像具有如此之高的适用性，这并不是巧合。公平待遇权的目标恰恰就是评估类似行为画像这样的实践。究其本质，行为画像和公平待遇权所针对的对象是一样的，即个体的区分。行为画像可视为是一种以区分个体为目的的技术：首先，分析谁是谨慎的驾驶员而谁不是，谁拥有充足的金融资源而谁没有，谁处于健康状态而谁会生病；然后根据分析结果向不同个体提供差异化待遇。每个个体所受到的待遇都是个性化的，待遇之间的差别体现了分析发现的差异：谁应该收到推销保险或贷款的消息？在什么情况下给他们推送消息？谁又不应该收到这类消息？公平待遇权的目的就是对差异化区分行为进行评估。在公平待遇权的基础上可以回答的问题包括：向某位驾驶员收取高于其他驾驶员的保险费率是否合法？驳回某人的贷款申请但批准另一人的申请是否合法？同意向某人提供健康保险但却拒绝向另一人提供是否合法？更笼统地说，应用公平待遇权所要解决的最根本问题就是——个体之间的差异能否合理解释个体所受待遇之间的差异？学界已经将机器学习数据分析形容为知识生产的新模式[89]。更准确地说，基于机器学习的行为画像是一种区分个体的新模式。而公平待遇权能够为我们应对这种新模式提供规范框架。

但是，公平待遇权的应用也带来挑战。第一个挑战是关于该权利的范围，也就是要决定个体在该权利下是否有本质上的不同或本质上平等。欧洲法院认为，只有当本质不同的两种情况受到同等对待，或本质相同的两种情况受到差别对待时，公平待遇权才适用。学界和法院在研究公平待遇权的范围时应该回答如下难题：如果机器学习算法将个体划分至不同群体，这是否意味着个体间存在着本质区别，而他们受到区别待遇的情况并不适用于公平待遇权？换句话说，如果两个个体的行为与不同结果存在相关性，是否意味着他们没有权利获得同等待遇？在这种情况下（即个体数据与不同结果相关联），如果我们确实认为个体间是相似的，公平待遇权的范围也适用，那么这就引发了另一个关于歧视合理性的问题，而这个问题更难回答——机器学习算法生成的信息是否构成评估某些个体并向其提供相较于他人更加糟糕的待遇的正当理由？换句话说，那些看似随机的项目之间存在的相关性能否构成某些个体处于弱势地位的正当理由？

围绕公平待遇权范围和正当性所开展的讨论其实都源自于同一个问题，因此可以放在同一个规范框架下研究。问题的共性在于隐性选择，这是比较和区分的底层因素。关于公平待遇权范围和正当性的大讨论必须让这些隐性选择变得显性，必须明确行为画像在做这些隐性选择时所造成的挑战，必须对未来做出这些选择所依据的参数进行定义。

之前有观点指出，要想发现隐性选择的存在并理解隐性选择的影响，必须对比较的过程进行仔细检查。比较依赖于规范基础，预设了特征项目和逻辑方式。规范基础预先定义了比较结果。由于公平待遇权本质上是对比较和区分行为进行评估，因此该权利的应用预先做了隐性选择，同时也被隐性选择所定义。行为画像对公平待遇权应用提出的重大挑战在于：行为画像运行并进行个体比较区分时所依赖的规范基础，与人类直觉和法院常规进行比较区分时所使用的规范基础之间存在根本差异。在评估项目间的相关性时，基于机器学习的方法和人类常规使用的方法在隐性选择、项目选择和思考逻辑上都互不相同。直觉和常规法会考虑研究主题和因果关系。当人类在评估某驾驶员是否安全时，所考虑的是他们认为与安全驾驶员的特征存在因果联系的因素，比如某人的驾驶经历或身体状况。机器学习算法在进行比较和区分时正好相反，既不考虑研究主题也不考虑因果关系，而是会考虑所有可以获得的特征项目，并基于规律和关联为上述项目赋予相关性。当评估某位驾驶员是否安全时，机器学习算法会将全部数据点纳入考虑范围，比如点击行为、鼠标移动规律或社交媒体页面滚动速度等。行为画像产生合理结论的依据是统计关系，而不是因果关系。人类和法院进行比较和区分所依据的规范基础，也就是公平待遇权常规意义上应用的规范基础与机器学习算法的运行方式是完全相反的。

关于公平待遇权的应用，基本权利学者和法院面对的一大挑战就是要制定相关标准，来引导判断机器学习算法生成的评估和预测结果是否构成个人差异化区分的正当理由，以及在何种情况下构成正当理由。他们需要考虑是否以及如何调整机器学习算法所依据的完全相反的规范框架，以使其适应公平待遇权的常规评估方法。基本权利学者需要建立一套规范框架，来评判基于看似随机的项目之间的关联关系而开展的差异化区分是否能够被评估。

公平待遇权应用面临的诸多困难也体现了一个更大的挑战，已经超越了基本权利应用的范畴。法院评估区分行为的常规方式深深根植于社会理解世界的理念之中。公平待遇权应用所依赖的规范基础——即项目选择和逻辑思考的方式，不仅仅是比较和区分的依据。在这两个问题上所做的选择决定了知识产生的方式、认识世界和解释世界的逻辑。更普遍地说，机器学习算法不仅挑战着我们比较和区分的方式，也挑战了我们描述和理解世界的方式[90]。一种是基于因果关系来分析所研究的主题，另一种是基于关联关系分析所有可获得的信息，这二者之间的冲突不仅发生在公平待遇权应用领域，而是大数据与社会之间的根本冲突。公平待遇权应用的相关问题彰显了认识论方面的更大挑战——如何应对机器学习算法带来的新型知识生成模式。

公平待遇权应用的现有方式可以被认为是表达了社会关于如何理解世界的共识。在这个共识下，对于某个情况的描述和评判应该在所研究主题的范畴内以因果关系为依据来开展。正是这一共识受到了挑战，才导致公平待遇权应用的规范基础发生了动摇。基本权利学者无法彻底解决公平待遇权应用中的挑战，因为他们无法通过司法解释来解决无处不在的认识论挑战。公平待遇权并不决定评估比较和区分行为所依据的逻辑，而是预先假定了逻辑。要解决公平待遇权在行为画像中应用所面临的问题，仅仅依靠法律逻辑和法律讨论是远远不够的，这不仅需要基本权利律师，还需要整个社会来决定是否以及如何调整其解释世界和区分个体的常规方式，以便适应大数据带来的新型知识生成模式。解决这一宏大的挑战需要一场社会大讨论，来探讨如何调整我们认识和解释世界所使用的常规的、凭直觉的方式，来适应机器学习算法生成知识的方式。只有在这种更加广泛讨论的基础上，基本权利学者和法院才能够决定是否以及如何调整公平待遇权的规范基础，是否以及如何调整他们比较和评估差异的常规方式。基本权利学者能够且必须加入到这场社会大讨论中，但不能预设结论。

5　结语

虽然在西方国家使用行为画像的主要是企业，但仍有必要再次强调基本权利在行为画像相关研究讨论中的重要性。基本权利十分重要，因为首先，基本权利不仅要求有消极义务、国家干涉的自由，还提出积极义务。通常上国家，特别是立法者，有义务积极推进基本权利保护，即便私人间的关系也一样[91]。为了使积极义务具体化，还要了解行为画像对基本权利产生了哪些影响，以及影响的方式。其次，基本权利的相关观点可以为社会价值观大讨论提供更多参考信息。基本权利评估与社会价值观大讨论是相互交织的关系：基本权利评估受到社会想法和理念的影响，而基本权利的有关观点同样也影响着社会想法和理念。与此同时，基本权利也在反映和创造着社会价值。因此，厘清基本权利评估相关的概念，有利于进一步提高社会价值观大讨论相关概念的清晰性。

此外，我们在决定将公平待遇权应用于行为画像的时候，要明确什么才是关键，因为我们应用这一权利的方式可能造成巨大影响。如果法院继续坚持以常规方式应用公平待遇权，那么很可能会宣判大多数行为画像都是违法的。如果机器学习算法继续以看似随机的项目之间的关系为依据对个体进行差异化对待，那么公平待遇权的范围则是适用的，而关联关系不能被认为是某些个体处于劣势的合理原因。如果某个公共保险服务商根据机器学习对于点击动作、打字规律和页面滚动速度的分析结果而调整了保单定价，那么公平待遇权是适用的，而且很难给出合理解释。对于任何在数据分析环节使用了随机项目和关联关系的情况，结论都是一样的，而这也是基于机器学习的行为画像的普遍情况。但是，这种应用公平待遇权的方式可能会阻碍机器学习算法的创新发展。除了成本低、效率高，机器学习算法创新潜力的主要来源在于，它们能够揭示以往基于因果关系来评估研究主题的常规方式所不能发现的关联关系[92]。通过保持常规标准，法院和立法者通过制定私人关系相关法律的方式来履行其保护基本权利的义务，能够最终将行为画像的应用限制在那些生成结果可以解释的场景中[93]。不管我们愿意与否，这都构成了严峻的挑战。最佳的解决方案应该能够平衡常规司法标准与机器学习算法潜在创新之间的关系。

更进一步说，在评估两种情况是否相似时，开展正当性评估而非相关性评估是大有裨益的。相关性标签往往更常见、更依靠直觉，宣称比较客观，但其实并不如此。相关性混淆了定义公平待遇权范围的比较所依据的规范选择。常规意义上应用公平待遇权的逻辑是识别研究主题范围内相关因素之间的因果关系，而这种逻辑只是认识和理解世界的其中一种方式。底层的共识确实十分广泛，以至于隐性选择几乎变得不可见，不再是规范选择，反而以不证自明的真理形态出现。但是，在机器学习数据分析的新型逻辑面前，这种底层共识的特性愈发明显，而一个先于相关性的基础问题出现了。这个问题并不是某个项目是否与差异化区分相关，而是用什么标准来决定某个项目是否相关。正当性标签（也是上述问题的隐含答案）使得规范选择更加凸显，可以供开放讨论。由于正当性这个概念具有多重含义，因此当我们研究如何为基于机器学习的差异化区分行为构建完善的规范框架时，正当性能够同时涵盖宪法层面和社会层面的讨论。

关于基本权利的讨论可以从某项以人类尊严、自由和平等为基础的规范声明开始，尽管它不是唯一起决定性作用的因素，但仍然很重要。只有把规范声明排除在外的因素纳入考虑范围之后，规范声明的内涵才会显现——评价和对待某个人的方式应该以这个人的行为为依据，不是宗教信仰、性别或种族（即非歧视权），也不是那些与其生活密切相关、影响如此深刻以至于其无法也不应该改变的特征（“诸如”非歧视权中明确列示的项目）。明确这种消极修正条款有利于我们进一步展开讨论。这些修正条款可能很微小，比如差异化区分的依据不能是某人的行动规律或者其身边的人；也可以很全面和彻底，比如差异化区分的依据不能是人们行为的统计关系，或者是暴露个人未同意共享之信息的机器学习分析结论。

此外还应该讨论的一个问题是，要想从机器学习数据分析的发展潜力中获益，整个社会愿意进行哪些取舍[94]。这种取舍与隐私权保护、数据分析准确性以及对个体的公正待遇密切相关。虽然基于大型数据集和统计模式的数据分析也许能够提高整体数据分析的准确性，但在有些分析中个体仍然会成为漏网之鱼[95]。有瑕疵的数据集会得出有瑕疵的结果。尽管对于个体行为的全面性评估（无论是基于关联关系还是因果关系）声称可以得出准确的结果，但以有限信息为基础进行的评估还是可能会导致结果不尽如人意。可以获取的个体数据越少，机器学习算法生成错误信息的可能性就越大。如果对公平待遇权的规范基础进行调整，使该权利不再禁止以随机项目关联关系为依据的差异化区分行为，也就是允许行为画像，那么这将激励个体共享更多数据，以避免因为信息错误导致自身受到歧视性待遇。个体为了获得公正的对待，将不得不放弃隐私。将准确性和创新性优先置于隐私之上，这条路是否值得走？这是个很难回答的问题，也势必引发激烈的争论。但需要承认的一点是，这些选择事关全局，对公平待遇权的应用也具有决定性影响。

以上内容为我们讨论行为画像问题提供了切入点，也提出了基本权利学者和整个社会需要回答的一些问题。这场讨论中所做出的选择将决定未来应用公平待遇权的方式，也会影响应用机器学习画像的各个社会领域。

1　关于“大数据”功能及影响的更为全面细致的研究，参见 Mayer-Schönberger 和 Cukier（2013）。

2　详细描述和分析参见 Zuboff（2019）。

3　例如可参见 Wei 等人（2015）；关于计算惯犯可能性的算法，参见 Corbett-Davies 等人（2016）。

4　关于画像的多角度分析，参见 Hildebrandt 和 Gutwirth（2008）；关于画像的应用领域，参见 Wachter 和 Mittelstadt（2018）。

5　关于数据和信息的区分，本文采用 MayerSchönberger 和 Cukier（2013）提出的区分方法。

6　此处的介绍有多处简化，详细信息可参见 Hildebrandt 和 Koops（2010）。

7　关于机器学习算法创建了哪些类型的“群体”，参见 Kammourieh 等人（2017）。

8　关于有说服力的早期文献，参见 Hildebrandt（2006）。

9　关于 GDPR 下画像的法律框架，参见 Wachter 等人（2017b，2018）、Wachter 和 Mittelstadt（2018）。

10　关于知识生成流程的准确简介，参见 Hildebrandt（2006）。

11　Kammourieh 等人（2017）。

12　Wachter 和 Mittelstadt（2018）。

13　Mayer-Schönberger 和 Cukier（2013）。

14　概述参见 Hildebrandt and Koops（2010）、Mittelstadt 等人（2016）、Gonçalves（2017）。

15　关于人工智能对隐私影响的概述，参见 Schermer（2011）、Rubinstein（2013）；关于群体隐私的研究，参见 Taylor 等人（2017a）。

16　关于生成信息的法律地位，参见 Wachter 和 Mittelstadt（2018）。

17　Mantelero（2016）和 Kammourieh 等人（2017）。

18　Wachter 等人（2017b）。

19　Wachter 等人（2017a）。

20　Wachter 和 Mittelstadt（2018）。

21　Floridi（2017）。

22　更多研究参见 Floridi（2014）、Kammourieh 等人（2017）、Mittelstadt（2017）；概述参见 Taylor 等人（2017b）、Van der Sloot（2017）。

23　例如 Leese（2014）、Roberts（2015）、Barocas 和 Selbst（2016）、Kim（2017）和 Hacker（2018）。

24　同时也在非直接歧视的概念下讨论，具体参见 Schabas（2015）。

25　Noble（2018）。

26　例如 Hacker 和 Wiedemann（2017）、Zarsky（2016）。

27　Hacker（2018）。

28　“每个人都有权受到对他或她的私人和家庭生活、住所和交流的尊敬。”

29　“每个人都有权受到对他的私人和家庭生活、住所和通信的尊敬。”

30　在 CFR 生效前，欧洲法院规定私人生活尊重权来自于成员国的宪法传统，因此受到欧洲法令“欧洲法院 1994 年 10 月 5 日‘X 诉委员会’（C-404/92 P）”的保护。

31　欧洲法院 2014 年 4 月 8 日，爱尔兰数字权利和 Seitlinger 等人（C-293/12 和 C-594/12）。

32　Kokott 和 Sobotta（2015）。

33　概述参见 Jacobs 等人（1996）。

34　关于现有定义的概述参见 Jacobs 等人（1996）。

35　欧洲人权法院 1979 年 6 月 13 日 Marckx/比利时（6833/74）；Jacobs 等人（1996）。

36　欧洲人权法院 1992 年 12 月 16 日 Niemietz/德国（13710/88）para 29。

37　欧洲人权法院 1985 年 3 月 26 日 X 和 Y/荷兰（8978/80）para 22；关于心理完整性的例子参见欧洲人权法院 2001 年 2 月 6 日 Bensaid/英国（44599/98）。

38　例如欧洲人权法院 2004 年 6 月 24 日 Von Hannover/德国（59320/00）。

39　例如欧洲人权法院 2012 年 2 月 7 日 Axel Springer AG/德国（39954/08）。

40　欧洲法院关于此事项的决定，参见欧洲法院 2014 年 4 月 8 日爱尔兰数字权利公司和 Seitlinger 等人（C-293/12 和 C-594/12）。

41　欧洲人权法院 2011 年 6 月 21 日 Shimovolos/俄罗斯（30194/09）。

42　例如欧洲人权法院 2014 年 7 月 16 日 Hämäläinen/芬兰（37359/09）。

43 例如欧洲人权法院 2003 年 2 月 13 日 Odièvre/法国（42326/98）。

44 例如欧洲人权法院 2001 年 1 月 18 日 Chapman/英国（27238/95）。

45 关于隐私是否有内在价值的研究，参见 Solove（2002）；关于受保护利益的概述，参见 Harris（2009）。

46 欧洲人权法院 2002 年 4 月 29 日 Pretty/英国（2346/02）para 61。

47 欧洲人权法院 2002 年 4 月 29 日 Pretty/英国（2346/02）。

48 Whitman（2004）。

49 BVerfG 1983 年 12 月 15 日 Volkszählung（1 BvR 209，269，362，420，440，484/83）；BVerfG 2005 年 12 月 6 日，Transsexuelle III（1 BvL 3/03）。

50 Whitman（2004）。

51 "任何基于性别、种族、肤色、民族或社会出身、基因特征、语言、宗教或信仰、政治或其他观点、少数民族身份、财产、出身、残疾、年龄或性取向等理由所进行的歧视都是禁止的。"

52 "法律面前人人平等。"

53 第 14 条："对本公约所提出的权利和自由的享有应受到保护，不得以性别、种族、肤色、语言、宗教、政治或其他观点、国家或社会出身、少数民族关联、财产、出身或其他状态等任何理由进行歧视。"第十二议定书第 1 条："对本法提出的任何权利的享有应受到保护，不得以性别、种族、肤色、语言、宗教、政治或其他观点、国家或社会出身、少数民族关联、财产、出身或其他状况为理由进行歧视。"

54 第 14 条的早期草案稿仍在第一段中构建公平待遇权。关于规定的草拟，参见 Schabas（2015）。

55 对于第 14 条的详细评论，参见 Jacobs 等人（1996）。

56 欧洲人权法院 1976 年 12 月 7 日 Kjeldsen、Busk Madsen 和 Pedersen/丹麦（5095/71；5920/72；5926/72）56。

57 欧洲人权法院 1976 年 12 月 7 日 Kjeldsen、Busk Madsen 和 Pedersen/丹麦（5095/71；5920/72；5926/72）56。另外参见欧洲人权法院 2016 年 3 月 15 日 Novruk 等人/俄罗斯（31039/11，48511/11，76810/12，14618/13 和 13817/14）。

58 欧洲人权法院 2016 年 5 月 24 日 Biao/丹麦（38590/10）Para 89。

59 欧洲人权法院 2016 年 3 月 15 日 Novruk 等人/俄罗斯（31039/11、48511/11、76810/12、14618/13 和 13817/14）。

60　Ward（2018）；认为“肥胖”本身并不构成第 2000/78 号指令中的“残疾”的相关案件包括欧洲法院 2014 年 12 月 18 日判决、FOA（C-354/13）对 2016 年 6 月 2 日第 2000/78/ECECJ 号指令应用范围的狭义解读、C（Case C-122/15）。

61　关于批评欧洲法院应用影响力较弱的文章，参见 Ward（2018）。

62　欧洲法院 1977 年 10 月 19 日 Albert Ruckdeschel & Co. 和 Hansa-Lagerhaus Ströh & Co. 诉 Hauptzollamt Hamburg-St. Annen；Diamalt AG 诉 Hauptzollamt Itzehoe（117-176 和 16-77）para 8。

63　欧洲法院 2013 年 4 月 11 日 Soukupová（C-401/11）para 29；另外参见欧洲法院 1994 年 4 月 14 日 A. 诉 Commission（T-10/93）para 42。

64　欧洲法院 1994 年 4 月 14 日 A. 诉 Commission（T-10/93）para 42。

65　欧洲法院 1994 年 4 月 14 日 A. 诉 Commission（T-10/93）para 42。

66　参见欧洲法院 1991 年 2 月 7 日 Tagaras 诉欧洲共同体法院（T-18/89 和 T-24/89）para 68；《欧洲人权公约》第 14 条要求情况存在“相对而言”的相似性或差异性（欧洲人权法院 2008 年 4 月 29 日 Burden/英国（13378/05）para 60）。

67　Schabas（2015）。

68　欧洲人权法院 2016 年 3 月 15 日 Novruk 等人/俄罗斯（31039/11、48511/11、76810/12、14618/13 和 13817/14）para 90。

69　欧洲人权法院 2004 年 7 月 27 日 Sidabras a. Dziautas/立陶宛（55480/00 a. 59330/00）para 51ff。

70　许多欧洲人权法院法官也支持更狭义的观点，更多反对观点参见欧洲人权法院 2004 年 7 月 27 日 Sidabras a. Dziautas/立陶宛（55480/00 a. 59330/00）。

71　托马森法官在其反对意见中也提出类似观点：“非歧视原则……最重要的是指以个人选择为依据去剥夺机会，而这些选择应该被视为某人的性格而受到尊重，比如宗教、政治观点、性取向和性别取向，或者正相反，以根本无法选择的个人特征为依据去剥夺机会，比如性别、种族、残疾和年龄。”（欧洲人权法院 2004 年 7 月 27 日 Sidabras a. Dziautas/立陶宛（55480/00 a. 59330/00））。

72　例如 Barnard 和 Hepple（2000）。

73　欧洲法院 2013 年 4 月 11 日 Soukupová（C-401/11）para 29；另参见欧洲法院 1994 年 4 月 14 日 A. 诉 Commission（T-10/93）para 42。

74　欧洲法院 1994 年 4 月 14 日 A. 诉 Commission（T-10/93）para 42。

75 Schabas（2015）。

76 欧洲法院 2014 年 5 月 22 日 Glatzel（C-356/12）。

77 此处因果逻辑也十分明显（欧洲法院 2014 年 5 月 22 日 Glatzel（C-356/12）para 54）。

78 第 8 条："每个人都享有对与其相关的个人数据的保护权。"

79 类似定义参见欧盟第 2016/680 号指令（2016 年 4 月 27 日）para 21。

80 反对观点参见 Lynskey（2014）。

81 解释参见第 2. 2 节。

82 Idem。

83 Floridi（2017）。

84 Floridi（2011，2017）。

85 Kammourieh 等人（2017）。

86 欧洲人权法院 2016 年 3 月 15 日 Novruk 等人/俄罗斯（31039/11、48511/11、76810/12、14618/13 和 1817/14）。

87 关于受保护群体的种类，参见 Kammourieh 等人（2017）。

88 Leese（2014）。

89 Hildebrandt 和 Koops（2010）。

90 Hildebrandt 和 Koops（2010）以及 Mayer-Schönberger 和 Cukier（2013）。

91 关于隐私权可参见欧洲人权法院 1979 年 6 月 13 日 Marckx/比利时（6833/74）。

92 Mayer-Schönberger 和 Cukier（2013）。

93 关于如何在技术中融入可解释性的建议，参见 Wachter 等人（2018）。

94 关于大数据分析的价值，参见 Mayer-Schönberger 和 Cukier（2013）。

95 想了解发生原因，参见 Hildebrandt 和 Koops（2010）。

第三篇　审判黑箱：算法不透明性对刑事诉讼公正审判权的影响

作者：弗朗西斯卡·帕米奥托①

摘　要：在刑事诉讼中，算法被越来越广泛地用于取证相关工作（例如GPS定位作为DNA分析或获取数字证据的手段）和决策辅助（例如累犯风险评估软件）。这些工具仍然隐蔽在神秘和黑箱中，使人难以知晓结论的生成过程，这种趋势令人尤为担忧。本文重点研究刑事诉讼中算法黑箱（algorithmic opacity）所带来的法律挑战。本文认为，算法可能含有错误代码，而算法黑箱让这些错误十分隐蔽，最终导致算法黑箱对公正审判权产生影响。

1　引言

2013年，威斯康辛州一名叫艾瑞克·卢米斯的男子因一起驾车枪击案被指控犯有五项刑事罪名[1]。初审法院判处被告人6年有期徒刑外加5年延期监督，并使用了COMPAS风险评估工具[2]。COMPASS全称是“罪犯矫正替代性制裁管理画像系统”，是一款用于计算刑事被告人累犯概率的自动化风险评估软件。三年后，一份关于该软件的独立分

① 欧洲大学学院（意大利菲耶索莱）。

析报告显示，“黑人被告被错误判定为具有更高累犯风险的概率远高于白人被告，而白人被告被错误判定为具有较低累犯风险的概率高于黑人被告”[3]。可以说，COMPAS 进行了某种形式的间接歧视。

2015 年，大众汽车公司深陷“尾气排放造假丑闻”[4]，承认在柴油汽车中非法安装了失效保护器装置，该装置内嵌的软件使得汽车在测试环境下能够满足排放标准，而在实际使用中排放量超过美国法定标准高达 40 倍以上。

2019 年，某意大利报纸报道称：“有超过 1000 名意大利人曾被政府赞助的黑客所错误监听。”[5] 无国界安全组织和《母版》杂志[6] 对存疑的恶意软件进行了研究。这款名为 Exodus 的软件由意大利政府从私人公司购得，用于刑事犯罪调查，研究发现该软件因为存在编程代码错误，导致漏掉了目标身份验证中的一个环节——Exodus 没有检查安装了它的手机是否处于合法监听范围。根据意大利法律，执法部门在没有法院指令的情况下不得非法侵入私人设备，因此许多无辜公民不得不遭受了政府的“错误”监听[7]。

上述案例的共同点是什么？它们都涉及某个算法，且算法含有隐蔽缺陷，导致个人权利受到侵害。所谓“我们能够观察到某个算法的输入与输出，但是无从知晓输入如何变成输出”[8] 的问题可以比喻为“黑箱”，或者称为“算法不透明性”[9]。本文旨在分析刑事诉讼中算法应用引发的法律挑战，重点研究算法黑箱与可争辩性之间的反向关系。

本文的讨论基础是三个假设：算法可能含有错误代码[10]（H^1），不透明性导致错误代码持续隐蔽（H^2），因此算法不透明性影响公正审判权（H^3）。下文首先对三个假设进行理论说明，然后选取危害评估风险工具（简称 HART）为案例进行具体分析。HART 是英国警方使用的首款智能决策辅助算法，用于评估被逮捕人未来犯罪的风险。最后，本文结论认为上述软件的不透明性导致难以对算法模型和决策进行争辩，因而对公正审判权及其原则造成了阻碍和威胁。

2　算法可能含有错误代码：刑事诉讼中的算法应用

算法正在越来越多地应用于刑事诉讼的各个阶段。在庭审前阶段，软件可以协助警方在调查中获取证据，例如某些恶意软件、间谍软件和病毒安装后可控制并访问被监听设备的摄像头、存储器甚至麦克风，还有人脸识别软件用于辅助识别犯罪嫌疑人。在审判阶段，算法被用于取证，比如犯罪嫌疑人的 GPS 定位、邮件或网络聊天记录，甚至被用于判刑，比如风险评估算法。

算法的概念由来已久，指的是“以某个或某些数值为输入，并产出某个或某些数值作为输出的任何明确的计算机程序，因此算法是将输入转化为输出的一串计算机步骤”[11]。从最广义的角度来说，“算法就是一串指令，日常生活中的烹饪菜谱、游戏攻略和步行指路牌都可以被称为算法”[12]。根据代码中所嵌入的指令，某个输入数据可以被转化为不同的输出结果。

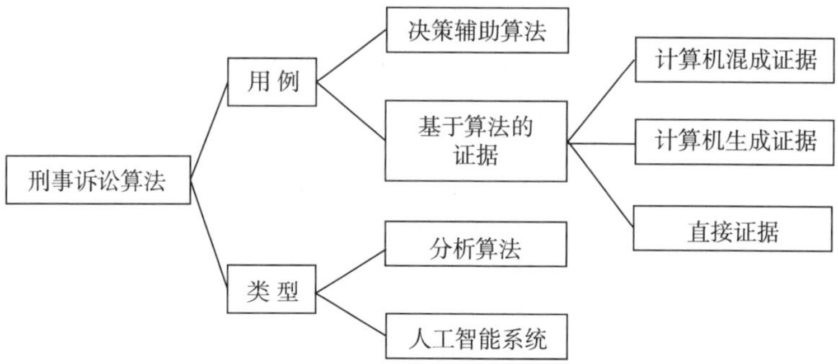

图 1　刑事诉讼中算法的分类

由于算法的用途多种多样，本文提出将算法分为两大类——决策辅助算法和基于算法的证据（见图 1）。第一类算法的作用是在庭审前、审判和审判后阶段为人类决策提供信息，比如犯罪数据挖掘以及用于保释听证会、判刑、缓刑和假释的风险评估软件。第二类算法用于取证相关工作，包括计算机混成证据（computer-derived evidence）和计算机生成证据（computer-generated evidence），前者包括 GPS 定位等，后者的例子有酒精测试仪、DNA 分析或对现实事件的计算机模拟[13]。除此之外，在某些情况下，算法本身也可作为直接证据，比如在大众汽车“排放门”事件中失效保护器算法直接证明了大众汽车公司的非法行为。

另一种区分方法是分为简单分析算法和人工智能系统（AI）。第一种是指“通过人工方式生成的输入与输出之间的关系，此类算法主要是流程图等基于规则建立的系统，其步骤、方法和结果都可回溯到人类手工输入的编程前指令”[14]。第二种是指“包含机器学习的更加先进的算法系统，在现有规则或理论无法有效捕捉想要的输入—输出关系的情况下使用此类算法……此类算法系统通常被称为非参数算法，因为决定输入—输出转化的参数并不是事先确定的，而是从数据或复杂的计算机模拟中得来的”[15]。在刑事诉讼中，AI 在应对快速演化的网络攻击[16]、提供证据来源[17]，甚至辅助法官或警察决策[18]中的效果越来越明显。

在算法系统中，输入、算法和输出之间有着直接关联。但是，这种互动可能受到错误、偏见或操纵的影响，最终导致结果发生变化。本文将使用“错误代码”的概念（即错误或不当的程序代码）作为一个伞形概念，指代任何影响输出结果准确性、可信性和合法性的缺陷。错误代码在算法系统中的存在说明了“计算机程序的可靠性需要被证明为真，而不能被预先假定为真”[19]。

错误代码进入算法的方式多种多样，可能出现在生命周期的任何环节，可能产生于输入端[20]或包含在程序代码中[21]。此外，错误代码也可能来自于人类干预[22]，比如某人操作不当[23]。

为了对相关案例进行初步分析，作者将错误代码分为三类——技术型、科学型和法律型。

技术型错误代码。它指的是算法中含有的错误影响了准确性[24]。大多数情况下，技术型错误代码是程序员无意中造成的，也可能是“代码随着时间推移而衰退或过时”的“软件腐烂”造成的[25]。此外，智能软件“也可能教会自己撒谎，以此作为达成某种目标的战略”[26]。具体可参考以下案例。

时间戳和 EnCase【基于算法的证据】

EnCase 是一款知名的用于收集计算机混成证据的取证工具，收集内容包括时间戳。时间戳记录了某份文件创建、访问和修改的时间信息。虽然 EnCase 的可靠性极少受到质疑，但有相关研究显示，通过使用未经记录的 Windows 系统调用，可以在无法察觉的情况下对全部时间戳进行修改[27]。

STRmix DNA【基于算法的证据】

STRmix DNA 是一款自动化取证软件，使用复杂的数学公式来计算某基因型属于某人而非其他人的统计概率，在美国、加拿大和欧盟等国家和地区使用。2015 年，对于该工具部分源代码的调查发现，该软件存在多种技术型错误代码，会导致 DNA 样本与被告人匹配的概率下降[28]。

科学型错误代码。它指的是算法含有可疑的科学方法或价值评判因素，影响了输出结果的可信性[29]。科学型错误代码既不是无心之失，也不一定是方法错误，而是所采用的科学方法已经被淘汰，或者与需要证明的问题无关[30]，又或者可能产生间接歧视等原因，导致程序底层假设的稳定性和公正性受到质疑。具体可参考以下案例。

COMPAS【决策辅助算法】

COMPAS 是一款自动化风险评估软件，被美国法院用于评估某刑事被告人累犯的概率。知名媒体 ProPublica 的一项独立研究发现，黑人被告被错误判定为具有更高累犯风险的概率远高于白人被告，而白人被告被错误判定为具有较低累犯风险的概率高于黑人被告[31]。

Intoxilyzer 500【基于算法的证据】

虽然呼气中酒精含量可以被用来估算血液酒精含量（BAC），但个体之间的呼气酒精与血液酒精转化率存在差异。Intoxilyzer 500 测试仪根据亨利定律，采用 2100：1 作为分配比，但并不是每个人的分配比都是这个值。“错误的分配比会导致结果出现巨大偏差，分配比低的人测出来的 BAC 偏高，而分配比高的人测出来的 BAC 偏低。研究显示，还有很多其他因素会影响呼气酒精测试仪的结果，比如性别、种族等固有因素都会对分配比产生影响。”[32]

法律型错误代码。它指的是算法中含有被误导的甚至违法的设计要素，影响了输出结果的合法性[33]。法律型错误代码的产生原因有很多，比如输入数据是非法获取的（例如违反了隐私保护法），或者决策过程中使用了不合法的标准[34]。此外，算法可能嵌入在立法者必须选择的政治价值观或规范价值观中，这也导致了合法性问题，因为此类算法可能会歪曲整个社会通过民主程序集体认可的法律和政策之底层价值观[35]。具体可参考以下案例。

用于调查的恶意软件工具【基于算法的证据】

恶意软件能够对数字设备进行远程控制，可以访问被监听设备的所有功能，比如麦克风、摄像头、内部存储器等。近期，德国和意大利针对刑事调查中使用恶意软件获取数据证据的做法提出了监管措施。意大利的刑事诉讼法规定，只允许激活麦克风，必须取得法院指令，只有在调查极端严重犯罪时才可以使用恶意软件。如前所述，恶意软件可能含有“非法设计要素”以开展法律禁止的操作（比如激活摄像头或复制内存文件）。Exodus 软件就属于此类案例，这是意大利政府从私人公司购得的一款恶意软件[36]。由于代码错误，Exodus 缺乏监听目标身份验证机制，导致该软件没有检查安装了它的手机是否处于合法监听范围。

大众汽车公司事件【基于算法的证据】

法律型错误代码的最知名案例就是大众公司的“排放门”事件。2015 年，大众汽车公司深陷排放造假丑闻。联邦环境监管部门发现，该公司在柴油汽车中非法安装了失效保护器装置，该装置内嵌的软件使得汽车在测试环境下能够满足排放标准，但在实际驾驶中排放量远超美国规定上限。

3　算法黑箱导致错误代码持续隐蔽

上一节表明算法可能含有错误代码，因此我们不能理所当然地认为算法是可靠的，而是应该对其可靠性进行验证。那么随之而来的问题就是：如何检测到错误代码？要回答这个问题，需要知道算法系统的运行原理。

但是，算法通常都隐蔽在秘密环境或黑箱里，要了解其运转过程相当困难。如果不能知晓输出结果的生成过程[37]，就不可能验证结果的准确性、可信性和合法性（见图 2）。

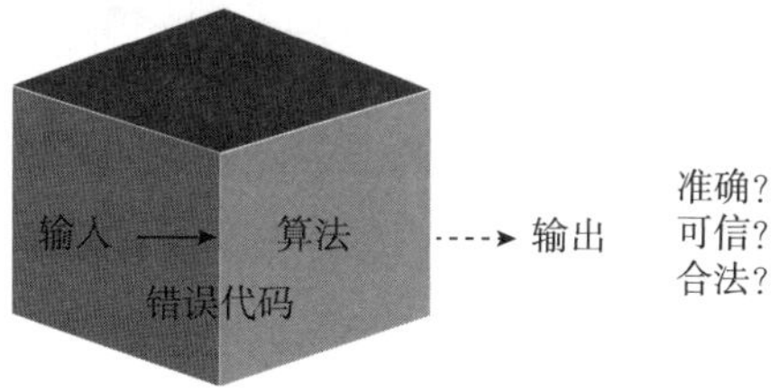

图 2　算法黑箱

算法黑箱的种类有很多。布雷尔认为，造成黑箱的原因包括公司或国家有意识的保密、技术上的无知以及可解释性的欠缺[38]。同时，帕斯夸里将保密分为三类：法律要求的保密、真实的保密和故意混淆视听的保密[39]。可以说，黑箱的概念不仅是指获取信息的障碍，也涉及信息是否易于理解。特别是 AI 系统兴起后，第二点变得尤为重要[40]。事实上，传统软件是在固定且已知的模型基础上建立的，而 AI 系统的运行环境能够做到部分已知就已经很不错了，即便是系统设计者也不例外[41]。在这种情况下，要想知道输出结果的生成过程更是难上加难[42]。

目前，越来越多来自多个学科的学者正在从不同角度研究算法黑箱的问题。主流趋势是提倡“算法透明”（与不透明性正相反）作为关键手段来提高系统的可问责性[43]、向受到算法应用影响的人们提供解释说明[44]、降低黑箱对社会的负面影响[45]。但是，算法透明的概念也因为自身缺陷而饱受批评。艾南尼和克劳福德认为，透明的字面意思是指“能够看见系统”，但这不等于看明白算法[46]。这相当于“能看不能懂”[47]。另外，透明甚至可能产生负面效果，比如促使系统进行策略博弈[48]。正是考虑到透明概念的局限性，研究文献的另一个方向是提出解释（explanation）和可解释性（interpretability）的概念[49]。

然而，目前为止学界对于上述提法仍未形成清晰统一的概念。正如米特尔施塔特和沃施特指出的，可解释人工智能（XAI）领域的学者都赞同提供解释的重要性，但很少有人思考这指的到底是什么[50]。本文作者认为，这些概念可以适用于很多群体（比如专家和受系统结果影响的个人）和功能（比如合规、提升系统性能、加强可问责性）[51]。同样地，这些概念应该在以下问题（但不限于下列问题）的相关探讨中被进一步明确——谁需要透明/解释，以及为什么需要？本文仅重点讨论如何支持辩护方了解算法系统，以及如何提高刑事诉讼中基于算法之证据和决策的可争辩性。下一节将通过对欧洲公正审判权的分析来做进一步说明。

4 算法黑箱影响公正审判权

算法黑箱使得错误代码持续隐蔽，也就是说既无法查出技术错误或了解算法所依据的方法，也无法验证输出结果的合法性。在刑事诉讼中，算法的输出结果构成一份可用于取证工作的陈述（比如对于GPS证据来讲，“3月4日晚被告人从巴黎北角广场驾车于11时23分抵达阿比瑟斯大街”是一份陈述），或者可用于辅助决策（比如对于风险评估软件，“被告人未来三年内再次犯下恶劣罪行的风险较低”是一份陈述）。但是，如果不掌握结果是如何产生的，就无法对陈述提出异议[52]。算法黑箱妨碍了可争辩性，对公正审判权造成巨大威胁。

本文相关讨论采用的是《欧洲人权公约》第6条中关于“公正审判”的概念。公正审判权在《欧洲人权公约》（以下简称ECHR）中具有非常重要的地位[53]。“公正”是第6条应用的关键原则，欧洲人权法院（以下简称法院）将“公正”解释为提供程序性保障，而不是实质性保障[54]。事实上，根据“第四例”原则，法院不得处理“涉嫌由国家法院犯下的事实或法律错误，除非且只要错误可能侵害公约保护的权利和自由”[55]。法院的首要任务是评估刑事诉讼的整体公正性[56]。

ECHR第6条包含三段内容，提出了刑事案件中赋予被指控人的一般性和具体的程序保障措施。其中ECHR第6条第1款提出的一般性保障措施包括诉诸法院的权利、诉诸法律建立的独立公正的特别法庭的权利、公开听证和公开宣判的权利、在合理时间内受审的权利。除此之外，还以“公正听证”权为载体增加了大量其他权利，比如对抗式诉讼的权利、平等武装的权利、访问案卷的权利、有理有据判决的权利、证据的权利以及法律确定性原则。ECHR第6条第2款提出了无罪推定原则，第6条第3款则提出了一份非穷举性清单，赋予被指控人一系列额外权利。

当决定某项“刑事指控”时，ECHR第6条是适用的。在公约中，刑事指控概念具有一定自主性的含义。在确定某项“刑事犯罪”的过程中，评估的起点是基于“安格尔及他人诉荷兰”案件中所建立的标准[57]，即：国内法的分类、犯罪的本质、相关人员可能招致的惩罚之严重性。根据法院的判例法，一项“指控”的存在开始于某人正式被相关部门通知关于其犯下某种刑事犯罪的指控，或开始于该人作为被怀疑对象而导致其处境受到相关部门行为的实质性影响[58]。因此，保障公正审判的措施适用于整个诉讼程序的全过程，包括庭审前阶段[59]、宣判阶段[60]、对实际发生的定罪或判决的上诉阶段[61]、刑事案件判决的最后执行阶段[62]。相应地，在上述时间框架下，算法在取证或决策辅助中的应用必须符合 ECHR 第 6 条所规定的“公正审判”保障措施。

基于算法的证据与对质权尤为相关。为确保公正审判，必须允许被告人就针对他的证据进行对质[63]。ECHR 第 6 条第 3 款特别强调一个原则，就是在被指控人被定罪前，“所有针对他的证据必须在公开听证会上、在其在场的情况下生成，以便于进行对抗式辩论”[64]。按照法院对“证人”这一概念所采取的自主性、广义的解释，当基于算法的证据符合以下条件时第 6 条第 3 款适用于该证据：一是该证据用于审判和上诉程序，二是该证据在很大程度上构成定罪依据[65]。根据“阿尔·阿瓦贾与赛耶诉英国”一案，对质权不仅要求被告人能够质疑证据的正直性和可信性，还要能够检测证据的真实性和可靠性[66]。而如前文所述，算法黑箱对这种测试造成了阻碍。事实上，要想达到对质目的，被告人需要了解算法系统，但这通常很难实现，因为被告人可能缺乏理解算法所需要的信息或资源。

只要法律程序中的个人不能了解用于处理涉嫌与其相关证据的复杂算法系统并进行争辩（即便在法律顾问的帮助下也做不到），那么将对法定诉讼程序权构成巨大威胁[67]。

至于决策辅助算法，主要的法律问题是缺乏决策结果的动机和解释。ECHR 第 6 条第 1 款要求司法决定必须有理有据。根据现有判例法，法院和特别法庭的判决应充分说明判决所依据的理由[68]。事实上，说明论证过程有助于让相关方知道法院听到了他们的观点、保护被告方的权利、支持有效行使上诉权利[69]。除此之外，法律要求法官的论证过程必须以客观论点为依据，那么在使用算法辅助司法决策时也应同样如此[70]。相应地，相关决策建议的“理由”必须能够被诉讼双方和法院所充分理解，这样前者能够对决定提出质疑，后者可以有意识地决定是否听从建议。如果黑箱隐蔽了决策所依据的理由，那么被告人将无法有效行使上诉权。

总结来说，算法黑箱导致诉讼双方无法互相反驳对方的指控，影响了对抗式原则[71]；算法黑箱造成诉讼双方之间的信息不对称，影响了平等武装原则[72]；被告人无法对算法进行检查，损害了对质权[73]；算法无法解释如何做出某个决策或证明决策的合理性，影响了获得合理司法决定的权利。因此，要保障公正审判权，需要了解算法系统。虽然基于算法的证据会由法官进行评估，决策辅助算法不会完全消除人类的考量，但必须让被告方有机会接触和了解基于算法的证据和决策，这样才能提出质疑。正如希尔德布兰特所指出的：

可争论性是法治的核心，特别是程序的核心……对抗式程序最重要的作用就是优化（政府和法院的）决策过程，这也恰恰是为什么使用人工法律智能（ALI）需要一套全新的解释学以及全新的对抗式设计流程[74]。

正当程序应该在保障可争论性、减轻黑箱给被告方造成负担中发挥重要作用，特别是被告方要求披露信息并获取专业知识以研判此类信息的重要性[75]。从这个意义上讲，需要谨慎解决许多程序问题，以检测潜在解决方案的实用性[76]，以及如何将解决方案融入到刑事司法体系中。事实上，刑事流程有两个主要目标：一是对犯罪行为进行起诉，保护个人和社会整体安全；二是保护个人权利。根据帕克模型，所谓的合法性正是体现在如何在这两个目标之间做出平衡[77]。相反地，为维护公正审判权而确保算法可争论性的目标必须与其他刑事流程中的合法目标进行平衡取舍，比如其他个人权利保护[78]、诉讼时间合理、法律确定性等。

5 危害评估风险工具（HART）

5.1 HART 简介

上一节内容指出，算法黑箱对公正审判权的核心特征构成了挑战。本节将进行具体案例的讨论，所选取对象是一款智能决策辅助算法——危害评估风险工具（HART）。

HART 是英国警方使用的首批用于辅助拘留决策的软件之一。具体来说，这是一款使用随机森林算法的机器学习工具，通过对三个风险等级进行预测来辅助决策：一是高风险，即未来两年内发生严重犯罪；二是中风险，即未来两年内发生非严重犯罪；三是低风险，即未来两年内不会发生犯罪。被划入中风险类别的人将进入警察检查站改造项目，以减少未来犯罪以及对社区的危害[79]。

HART 将已经做过评估的历史案例作为预测未来的模型[80]。为此，人们使用英国杜伦郡警察局系统中横跨 5 年共约 10.4 万个拘留案件对软件进行了训练[81]。“考虑到算法本身的负面特征”，HART 仅仅被用于就某特定风险提出评估建议[82]。但是，即便决策是由人类和技术共同做出的，仍然有必要知道为这些决策负责的到底是谁[83]，以及警察受到软件结果的影响有多深[84]。正如希尔德布兰特（2018）所指出的：

即便只是辅助决策而不是做出决策，人类干预也变成了某种假象，因为这些做出决策的人通常并不了解算法提出决策建议的“理由”。因为通常都认为算法要“优于”人类专家，所以导致人类对算法的遵从。

5.2 HART 可能含有错误代码

HART 可能隐藏着第 1 节中所提到的所有三类错误代码。虽然向公众披露的关于该软件内部运行的信息十分有限，但下议院科学技术委员会相关文件以及“Big Brother Watch”网站相关报道凸显了某些担忧[85]。

关于科学型错误代码，其结果的正当性存疑，特别是软件所使用的预测值。为了完成风险评估预测，HART 使用年龄、性别等 34 种不同的预测项，以及两种形式的住宅邮编，这些都与犯罪者的历史刑事行为绑定。邮编数据的使用似乎存在问题，因为可能对标记为贫困社区的地区造成间接歧视性偏见[86]。在下议院科学技术委员会的问询中，杜伦郡警察局提交的书面证据也强调了这一点：

因为算法是以历史结果数据为基础建立的，所以关于此类性质的模型放大（或至少造成）偏见的担忧是显而易见的。该模型以过去被逮捕的犯罪者为依据来预测未来。有人会认为，如果警察以人口密集的贫困社区或城市邮编为目标，那么这个区域会有更多人进入警察的视野范围并被逮捕，而居住在人口密度低的富裕社区或郊区邮编的人们所受到的警察关注较低，被逮捕的人也较少。

此处的风险在于形成了“一种可能延续或放大现有犯罪规律的反馈闭环”[87]。还有人担心 HART 使用的其他特征值可能造成偏见，特别是在代替种族或性别的情况下尤为明显[88]。“Big Brother Watch”网站[89]同样对杜伦郡警察局使用的算法提出忧虑，该算法引入了英国益博睿公司的一款算法，后者使用邮编、家庭成员构成、职业等指标作为个人描述特征，可能造成歧视[90]。近期，英格兰和威尔士法律学会的一份报告也提出了同样的批评[91]。

关于法律型错误代码，某些预测变量应用的合法性遭受了相当大的质疑，以至于这些变量被禁止用作风险评估标准。一个明显的例子就是在风险评估算法中纳入失效判决的变量（Oswald 等人）[92]。《1974 年罪犯改造法案》第 4 节规定，改造后的个人应“在法律中几乎”被视为从未犯过该罪行的人一样。因此，对于改造后个人的风险评估，失效判决不应作为一项可靠标准。除此之外，“诸如英国益博睿公司的数据商曾经被指控在数据收集过程中存在违法行为，并且受到隐私国际等组织的投诉，相关事件闹得沸沸扬扬。这些数据的存在本身是否合法仍然存疑，因此警方使用此类数据是有问题的。”[93]

另一个让人担忧的地方是 HART 的错误率。不出所料，“与任何预测行为一样，HART 不可避免地也会发生错误”[94]。但是，算法内嵌了一个价值评判机制，给不同类型的错误进行加权。杜伦郡警察局如此解释：

HART 的预测准确率可以达到 98%。对于被预测为低风险的人来讲，极端危险型错误是不会发生的，但是为了保障这一点，算法会过度预测谨慎型错误。

究其本质，就是为了避免最危险的错误发生，HART 会尽可能降低高风险个人的假阴性预测（即罪犯被误判为低风险），而相应的代价就是 HART 会过高地预测高风险个人的假阳性情况（即罪犯被误判为高风险）。因此，高风险个人的假阳性发生率被人为提高了[95]——低风险个人被拘留的概率要高于高风险个人被释放的概率。由此而来的问题就是：究竟是谁做了这个选择？尽管“这些决策看起来可能是无害的，但它们将政治价值观和随意假设隐含在了风险评估和判决形成过程之中”[96]。这个选择实际上需要在减少监禁和降低犯罪二者之间的取舍问题上做出规范性和政治性的判断，减少监禁意味着将假阳性视为危险性错误，降低犯罪意味着将假阴性视为危险性错误[97]。而这种政治选择绝对不应该外包给算法来做[98]。

5.3 HART 黑箱导致错误代码持续隐蔽

虽然警方建立了一个名为“算法保障”的框架机制来评估什么时候可以使用相关工具，但 HART 的算法黑箱仍然很难避免。因为这个软件的“智能”属性，就算其完全开放，也仍然存在信息难懂的问题[99]。

HART 模型包含超过 420 万个决策点。在树形结构中，所有决策点都高度依赖其前面的决策点，“与以前的预测方式不同，现在某单个预测点的某个输入值不再对预测结果产生不可改变的必然影响。仅仅是住在某个邮编地区无法对结果产生直接影响，而是必须与其他预测值一起经过成百上千种不同组合之后，才能形成最终的预测结论。因此变量之间不再是孤立的，而是多个变量组合最终形成风险等级结果”[100]。Oswald 等人（2018）指出：

这些细节可以免费向公众公开，但需要大量时间和精力才能看懂。

5.4　HART 可能影响公正审判权

应该允许受到 HART 影响的个人了解自己没能进入改造项目的原因[101]。但是系统不透明性对理解个人层面风险的评估过程构成了障碍。

有必要强调的是，杜伦郡警察局正在努力使用多种方法来解决道德和法律问题。首先，他们与威斯敏斯特大学合作建立了名为“算法保障”的伦理框架，旨在就算法预测的使用向警方提供指导。这份政策文件的基本目标是提高算法的合法性、准确性、可质疑性、可问责性和可解释性[102]。除此之外，警方似乎很愿意尽可能多地分享信息，并积极就 HART 应用所引发的主要问题进行沟通，这种情况在下议院科学技术委员会的问询中表现得尤为突出。将道德方面的考量纳入软件设计对于增强 HART 应用的公正性十分重要。即便如此，还必须建立事后被告方检查机制，以便更好地了解系统。

就当前来讲，要想就 HART 对公正审判权的实际影响进行恰当评估，目前所必需的信息还远远不够。杜伦郡警察局刑事司法部负责人希娜·厄尔文就曾在 2018 年 2 月提交的书面证据中指出：

由于时间有限，我们无法公开更多细节。相关研究准备好后，我们将予以公开。对于希望尽可能了解 HART 相关信息的诉求，我的确十分感谢，我们也非常渴望看到研究结果，但我们必须继续等待。

不仅如此，从目前可获得的信息来看，这一工具的具体使用和程序范围仍不够清晰。在科学技术委员会的问询中，厄尔文称 HART 仅仅被用于识别谁有资格进入检查点改造项目[103]：

必须要明确的是，再次犯罪的风险不是决定某人是否被逮捕的因素，也不是决定某人是否要被额外拘留 24 小时的因素。

然而，在关于 HART 的第二轮效度研究中，包括厄尔文在内的作者又写道：

截至报告撰写之日，我们预期模型将在 2017 年晚些时候上线，其应用范围在当前试验阶段的检查点改造项目场景上进行拓展，犯罪嫌疑人被警方逮捕后所发生的其他所有决策都将受到预测结果的影响。[104]

如果 HART 真的被用于其他目的，包括用于拘留决策等对个体自由影响较大的问题，那么维护被告人的权利将十分重要。在研究解决方案时应该考虑多种类型的错误代码。正如第 5.2 节所述，错误代码也涉及某些预测变量的合法性。在这种情况下，保障可争议性（尽管仍然不够充分）的方法之一就是向被告方提供一份详细的、经过认证的清单，罗列出系统使用的所有预测变量。此外，虽然软件较为智能，但在可以的情况下，还要解释说明这些变量的权重或交互逻辑，特别是那一类替代种族和性别的变量[105]。还要考虑是否提供训练数据集，但是允许大范围获取此类信息可能会事与愿违，反而让信息更难理解，还可能影响个人的隐私权。除此之外，证明软件使用了最新且准确测试工具的证书可有助于防范技术型错误代码。

诚然，上述建议是远远不够的[106]。在本文作者看来，最具挑战的问题之一仍然是算法系统的可理解性——这一点被 AI 的复杂性以及被告方缺乏专业技术知识（也没有资源去学习知识）这一现实所掣肘。

其他文献建议的解决方案还包括大范围培训、审计项目[107]、对软件设置进行外部验证和/或证明[108]、源代码访问权限[109] 或者关于软件运转过程的书面解释、测试时有被告方专家在场以减少或发现输入值错误[110]。审判阶段的解决方案包括对软件使用方进行交叉质证、获取软件功能的必要文件、被告方专家证人作证[111]以及相关软件的编程人员作证[112]。不过，在对解决方案建议进行评估时，必须考虑到哪些权利可能受到影响以及哪个诉讼阶段使用了工具。但是，如果 HART 黑箱使得以 HART 结果为依据的决策失去可争议性，那么该软件的使用是不可接受的。在机会和风险的取舍中，对公正审判权的保护必须胜出。技术进步只有与基本权利保护携手并进，才能造福社会方方面面。

6　结语

算法在刑事司法中的应用十分广泛，如何取舍其中之利弊颇受关注[113]。刑事司法体系转变为“自动化机器系统”[114]的风险是真实存在的，人类只从事机器（暂且）无法完成的工作也是真实可能的。因此，需要为刑事程序建立适当的算法治理模型，以保障审判公正和程序正当。

本文旨在说明算法证据和决策辅助算法的不透明性对被告方权利构成了严峻挑战。黑箱阻碍了对算法系统的了解，破坏了基于算法的证据和决策的可争议性。面对这些法律新问题，制定有效的应对措施来消除算法黑箱的负面影响十分重要。

具体到刑事诉讼场景中，任何潜在的技术解决方案必须与刑事司法体系相契合，并根据所涉及相关权利的要求进行调整。在这方面，本文所提出的分类体系有助于理解刑法执法中黑箱所产生的问题。作者认为，解决这些问题需要同时考虑错误代码的类型、使用算法工具的刑事诉讼阶段、所涉及的相关权利。最后，算法在刑事诉讼中应用的合法性完全取决于是否能在事实上和法律上保障算法结果的可争议性。

1 第 2015AP157-CR 号“威斯康辛州诉卢米斯案” （Wis Ct App Sept 17, 2015），2015 WL 1724741（威斯康辛州最高法院）。

2 Freeman（2016） p. 75。

3 Angwin 和 Larson（2016）。

4 Hotten（2015）。

5 Longo（2019）。

6 Maiberg 等人（2019）、安全无国界（2019）。

7 根据公开统计数据以及谷歌验证，大部分含有恶意软件的 App 安装次数仅十数次，只有一款软件下载量超过 350 次，具体参见安全无国界（2019）。

8 Pasquale（2015）。

9 本文中“黑箱”“算法不透明性”“算法黑箱”将作同义词使用。

10 本文中“错误代码”作为一个笼统概念，包含算法中影响输出结果准确性、可靠性和合法性的错误、偏见或操纵行为。

11 Cormen 等人（2009） p. 5。关于将算法定义为“基于特定计算，将输入数据转化为想要的输出数据的一套代码程序”的相关表述，参见 Gillespie（2014）。

12 下议院科学技术委员会“谷歌提交的书面证据（ADM0016）”（2018）。

13 Jenkins（1975） p. 600。

14 英格兰和威尔士法律学会（2019）。

15 英格兰和威尔士法律学会（2019）。

16 Dilek 等人（2015） pp. 21-22。

17 一个有趣的例子是使用 Siri、Alexa 或 Google Home 等语音助手作为证据来源，因为它们能收集个人日常路线和活动等数据，参见 Feldman（2018）、Sauer（2017）、Vowles 和 Story Carter（2018）。

18 一般用于风险评估并以机器学习技术为基础，旨在从海量数据中识别出规律和规则，参见 infra §4。更多信息可参见 Green（2018）。

19 Chessman（2017）。

20 输入数据可能有误或存在偏见。具体到机器学习中（这是一种从样本数据中建立数学模型的特殊类型算法），不恰当或不充分的训练数据可能对算法结构产生巨大影响，从而影响输出结果。

21　牛津大学和诺丁汉大学警告称，随着算法应用日趋复杂，“固有的偏见风险也会上升，因为流程中可能发生并聚积错误的环节更多，这些问题反过来因为缺乏有效监管而被放大。”

22　此处算法系统的定义参见 Ananny 和 Crawford（2018），其认为算法“不只是代码和数据，而是人类和非人类行动者的集合”。

23　Horsman（2019）。

24　处于正确或准确的状态或品质。

25　Roth（2016）。

26　Roth（2016）。

27　Van Buskirk 和 Liu（2006）p. 19。

28　Chessman（2017）、昆士兰健康服务机构和法医与科学服务机构（2016）。

29　具有逻辑上和事实上的稳定品质。

30　Jenkins（1975）。

31　Angwin 和 Larson（2016）。

32　Liebow（2010）。

33　合法合规的品质或状态。

34　具体示例参见 § 4. 2。

35　Green（2018）。

36　安全无国界（2019）。

37　安全无国界（2019）、Diakopoulos（2014）、Eslami 等人（2019）。Pasquale 认为，不透明性是描述“可矫正的不可理解性”的一种通用说法。

38　Burrell（2016）。

39　作者认为，真正的保密会在隐蔽内容和未授权访问权限之间建立屏障，法律保密要求某些信息的相关人员保密，混淆是指当保密被破坏时故意试图隐瞒，参见 Pasquale（2015）。

40　关于《通用数据保护条例》，Malgieri 和 Comandé（2017）认为“易读性”是指个人能够自主性理解算法决策的逻辑、意义和潜在结果的能力。

41　尽管大规模数据集有可能看懂，代码也可能写得很清楚，但二者在算法中的交互过程才是真正复杂的地方，也是导致黑箱的原因，参见 Burrell（2016）。

42 参见 Beillevaire（2017）。

43 Kroll 等人（2016）、Ananny 和 Crawford（2018）、De Laat（2017）和 Diakopoulos（2014）。

44 Kim 和 Routledge（2018）、Edwards 和 Veale（2018）、Doshi - Velez 等人（2017）和 Burrell（2016）。

45 Pasquale（2015）、Citron 和 Pasquale（2014）、O'Neil（2016）和 Eubanks（2017）。

46 Ananny 和 Crawford（2018）。

47 Ananny 和 Crawford（2018）。

48 Lepri 等人（2018）。

49 Lipton（2017）、Lepri 等人（2018）、Mittelstadt 等人（2019）、Kim 和 Routledge（2018）、DoshiVelez 等人（2017）、Selbst 和 Powles（2017）。

50 Mittelstadt 等人（2019）。

51 另可参见 Mittelstadt 等人（2019）。

52 在卢米斯案中，被告方认为法院“应该对调卷令进行审查，要考虑到在被告人宣判中越来越频繁地使用自主风险评估工具对正当程序的影响，因为研发这些工具的公司拒绝披露关于工具的重要信息，这剥夺了被告人评估所使用信息的准确性和可信性的能力”，并认为“被告人无法获知判决使用的信息，其正当程序权被侵害”，参见第 2015AP157-CR 号“威斯康辛州诉卢米斯案”（Wis Ct App Sept 17，2015）和 2015 WL 1724741（n 1）。

53 Harris 等人（2014）p. 370。

54 参见 Harris 等人（2014）p. 371。

55 Garcia Ruiz 诉西班牙［GC］第 30544/94 号，§28，《欧洲人权公约》1999-I。

56 参见 Taxquet 诉比利时［GC］第 926/05 号，§84，《欧洲人权公约》2010；Schatschaschwili 诉德国［GC］第 9154/10 号，§101，《欧洲人权公约》2015；Ibrahim 等人诉英国［GC］第 50541/08 号、第 50571/08 号、第 50573/08 号和第 40351/09 号，§250，《欧洲人权公约》2016。

57 Engel 等人诉荷兰，1976 年 6 月 8 日，§§ 82-83，卷 A 第 22 号。

58 参见 Deweer 诉比利时，1980 年 2 月 27 日，§§ 42-46，卷 A 第 35 号；Eckle

诉德国，1982 年 7 月 15 日，§ 73，卷 A 第 51 号；McFarlane 诉爱尔兰［GC］，第 31333/06 号，§143，《欧洲人权公约》2010；Ibrahim 等人诉英国［GC］，第 50541/08 号、第 50571/08 号、第 50573/08 号、第 40351/09 号，§249，《欧洲人权公约》2016。

59　Dvorski 诉 Croatia［GC］，第 25703/11 号，§76，《欧洲人权公约》2015。

60　Phillips 诉英国，第 41087/98 号，§39，《欧洲人权公约》ECHR 2001-VII。

61　Eckle 诉德国，1982 年 7 月 15 日，§ 73，卷 A 第 51 号。

62　Harris 等人（2014）p. 378。

63　Arslan（2018）。

64　Al-Khawaja 和 Tahery 诉英国［GC］，第 26766/05 号和第 22228/06 号，§118，《欧洲人权公约》2011。

65　例如，在“Georgios Papageorgiou 诉希腊案”中，法院根据《欧洲人权公约》第 6 § 3 条 d 款研究了申请人获取与其刑事指控相关的原始文件和电脑文件的权限问题。

66　Al-Khawaja 和 Tahery 诉英国［GC］，第 26766/05 号和第 22228/06 号，§127，《欧洲人权公约》2011。

67　英格兰与威尔士法律学会（2019）。

68　Moreira Ferreira 诉葡萄牙［GC］，第 19867/12 号，§84，《欧洲人权公约》2017。

69　Hadjianastassiou 诉希腊，第 12945/87 号，《欧洲人权公约》1992。

70　在法治原则下，也必须确保此类决策能够被受其影响的人所读懂，且必须满足允许做出此项决策的法律规范，Hildebrandt（2018）。

71　参见 Chessman（2017）、Imwinkelried（2016）、Roth（2017）和 Green（2018）。

72　参见 Pagallo 和 Quattrocolo（2018）。

73　参见 Celentino（2016）、Neville（2011）、Sites（2014）、Chessman（2017）和 Roth（2017）。

74　Hildebrandt（2018）。

75　参见 Ananny 和 Crawford（2018）。

76　例如披露源代码、独立验证、证书、逆向工程等。

77　Packer（1968）。

78　算法设计中的保密有助于保护排他权利，比如专利保护、国家或企业保密、隐私权。

79　Oswald 等人（2018）。

80　Oswald 等人（2018）。

81　不包括其他地区警方和国家系统中的数据。

82　Oswald 等人（2018）。

83　欧洲委员会互联网中介专家委员会特别强调了“算法和人权”问题（2018）。

84　在使用 HART 过程中，“拘留官员如果违背算法决策则毫无疑问会受到上层的询问，这是否会导致他们将职责下放给算法”？他们如果反对软件的决策，是否需要给出解释？参见 Bridge 和 Swerling（2017）。

85　下议院科学技术委员会（2018）、Big Brother Watch（2018）。

86　O’Neil（2016）对使用邮编的行为提出了批评。Big Brother Watch（2018）也报道过 HART 的“邮编彩票”。

87　Oswald 等人（2018）。

88　Amoore 教授解释了在美国使用算法来预测刑事审判结果，“即便输入数据中移除了种族类数据，但因为使用了所谓的种族替代指标，算法仍然能够学习与种族有关的特征或特性，比如通过历史犯罪或邮编等信息得出规律，而这是违反公平法案的行为”。参见下议院科学技术委员会报告（2018）。

89　Big Brother Watch 是倡导隐私保护和公民自由的英国独立非营利组织，更多信息参见 https：//bigbrotherwatch. org. uk/about/who-weare/。

90　Big Brother Watch（2018）。

91　英格兰与威尔士法律学会（2019）。

92　Oswald 等人（2018）。

93　英格兰与威尔士法律学会（2019）。

94　下议院科学技术委员会“杜伦郡警察局提交的书面证据”（2018）。

95　Oswald 等人（2018）。

96　Green（2018）。

97　Green（2018）。

98　英格兰与威尔士法律学会（2019）。

99　参见 supra §2 和 Oswald 等人（2018）。

100　下议院科学技术委员会“杜伦郡警察局提交的书面证据”（2018）。

101　参见英格兰与威尔士法律学会提出的建议（2019）。

102　Burgess（2018）。

103　该项目主要研究成人犯罪的原因，以及帮助其远离犯罪的最佳干涉措施和服务。为此，检查点必须识别出可能再次犯罪的个体。

104　Oswald 等人（2018）。

105　一个新想法是使用逆向工程作为披露源代码的替代方案，以提供事后解释，参见 Diakopoulos（2014）。另一个方法是量化输入影响（quantitative input influence），参见 Datta 等人（2016）。

106　这里我想指出，本文的结论主要来自于四年制博士项目中第一年的研究成果。

107　Citron（2016）。

108　Bratus 等人（2010）。

109　Chessman（2017）。

110　Roth（2017）。

111　Watson（2015）。

112　Neville（2011）。

113　英格兰与威尔士法律学会（2019）。

114　马克思在“机器论片段”中指出，这种由大量机械和智能元件组成的系统将彻底改变劳动力、生产和生产方式之间的关系，而工人将成为自动化部件之间的“有意识的连接者”。参见卡尔·马克思《政治经济学批判大纲》。

第四篇　员工植入微芯片：非法监视还是职场新趋势?

作者：西里·苏德　摩尔·埃里克森①

摘　要： 有一种独特的技术正在逐步进入越来越多的工作场所。除了电脑录屏、视频监控、键盘操作监视、定位追踪和社交媒体监控以外，用人单位现在又多了一个监视员工活动的新工具——微芯片。这些芯片取代了信用卡、钥匙、密码和手环，成为给员工赋能的新手段。确实，在芯片的加持下，员工可以自动开门、启动电脑或打印机、完成购物，但即便有这些实用的优点，芯片仍旧引发不少法律问题，比如隐蔽的不间断监控、画像和数字歧视。鉴于这一创新技术势必将对监管框架构成挑战，本文将主要回答以下问题：《通用数据保护条例》（GDPR）是否适用于微芯片跟踪？如果适用，那么微芯片跟踪纳入法律框架的立法依据是什么？另外，由于每个欧盟成员国都能够在 GDPR 框架下制定维护员工个人数据权利的细则，因此本文也将分析是否需要制定更多国家层面的具体规则来保护受到芯片跟踪的员工。

1　引言

我正在将“物联网”（Internet of Things）变为“我联网”（Internet

①　爱沙尼亚塔尔图大学法学院，电子邮箱：seili. suder@ sm. ee。

of Us)。

——专门从事微芯片皮下注射的瑞典 Biohax 公司创始人乔万·奥斯特伦德[1]

目前，新型应用程序和智能设备让用人单位可以在较短时间内以较低成本收集员工的海量个人数据[2]。在技术与职场监控逐步融合的过程中，有一项特殊技术正逐步应用于越来越多的工作场所。除了电脑录屏、视频监控、键盘操作监视、定位追踪等使用可穿戴技术和全球定位系统的做法以及社交媒体监控之外，用人单位现在又有了一个监视员工行为的新工具——射频识别（RFID）芯片[3]。

最开始，芯片用于追踪牲畜和宠物，以便对它们进行有效识别[4]。这些芯片能够取代房间和车辆钥匙、存储火车票，未来还可能植入护照中。但是现在，芯片正在被注射进人体，这种操作已经在全球蔓延，目的也五花八门，比如用于个人娱乐、研究和医疗[5]。芯片的最基本目标是实现对物体（此处也就是人类）的自动识别和追踪。这些芯片取代了信用卡、钥匙、密码和手环等人造物品，为员工赋予新的能力。确实，在芯片的加持下，员工可以自动开门、启动电脑或打印机、完成购物[6]。芯片本来用于一些琐碎的事物，但随着射频识别系统部署成本下降以及芯片性能提升，用人单位开始使用这一技术来跟踪员工生产效率、改善安保、防范偷盗[7]。

事实上，微芯片植入已经成为职场现实。包括美国、墨西哥、瑞典、比利时在内的很多国家和地区都发生了在员工身体中植入芯片的案例[8]。这一新趋势在爱沙尼亚也开始冒头，目前有几家公司也开始为其员工植入芯片[9]。

近期不断增长的芯片应用主要是因为芯片微型化技术更加先进，且价格持续下降，使得芯片应用在经济上变得可行[10]。虽然全球已经被植入芯片员工的确切数量尚不可知，但这个数字肯定在不断增长。前期研究发现，我们的社会正在被各种技术渗透，对皮下植入技术等可内化技术的接受度也越来越高[11]。

但是，在商业化的推波助澜下，芯片应用可能变得更加普遍[12]。就像闭路电视摄像头被公众所快速接受一样，有一天人体植入芯片可能也会成为稀松平常的行为。鉴于人们对各种技术设备的狂热以及新型数据行为监控技术的复杂程度，未来人体芯片植入领域继续发展且更受欢迎的趋势是不可避免的。2017 年，全球杰出青年社区的一项调查显示，有 44.3%的青年人表示不会出于提升能力的原因而接受在皮下或大脑中植入物体[13]。但是不久的将来，对身体类技术更加习惯的“千禧一代”可能对这一新技术持更加欢迎的态度。

芯片虽然有优点，但也存在一些缺点，比如不间断存在于人体中、员工缺乏对芯片的控制等问题。正因如此，芯片的使用应充分尊重隐私，这对于维护员工作为人类的尊严是十分重要的[14]。作者认为，芯片应用可能带来一些数据保护问题，比如隐蔽的不间断监控、画像和数字歧视等（比如对不戴芯片的员工怀有偏见，导致其无法获得更好的工作条件等机会）。

欧洲议会也认识到芯片植入可能引发的员工数据保护问题，并就工作场所芯片植入的相关问题发布了一项研究报告，但是，对这些问题的分析仍不够深入[15]。事实上，技术创新不断进步，未来个人数据收集技术的发展势必会进一步挑战现有监管框架[16]。比如，在芯片植入的潜在增长以及隐私顾虑的促使下，美国不少州都积极制定了法律规则来遏制芯片对员工的威胁[17]。鉴于芯片会进一步强化工作场所监控，因此现在也有必要分析一下 GDPR[18] 是否能够很好地应对挑战。这个问题对雇佣环境来讲尤为重要，因为 GDPR 没有就其条款的实施提出具体指引，也没有就员工数据保护制定统一规则[19]。

本文研究现有欧盟数据保护规则是否足够应对芯片植入所带来的挑战，以及随着芯片跟踪技术的进步，我们是否需要制定新的规则。更具体来讲，本文旨在回答以下问题：GDPR 是否适用于芯片跟踪？

如果适用，那么芯片跟踪纳入法律框架的立法依据是什么？另外，由于每个欧盟成员国都能够在 GDPR 框架下制定维护员工个人数据权利的细则[20]，因此本文也将分析是否需要制定更多国家层面的具体规则来保护受到芯片跟踪的员工。

2　微芯片是员工个人数据的来源吗?

本节主要分析从员工芯片获取的数据是否适用于 GDPR。要想触发 GDPR 条款的适用性，用人单位的相关行为必须等同于对员工个人数据的处理[21]。GDPR 对个人数据的定义是“与任何已识别或可识别的自然人相关的信息”[22]。因此，要想适用 GDPR，需要芯片给出与某员工相关的信息，并且凭借信息本身或与其他信息一起能够识别出这名员工[23]。

对于员工植入芯片来讲，个人可识别数据的问题十分重要，因为射频识别系统种类不同，用人单位可能拥有获取个人数据的权限，也可能没有。为了更好理解这一点，下面先简要介绍一下射频识别系统。

射频识别系统主要包含两个组件：一是芯片，用于植入员工体内；二是阅读器，可以在无接触的情况下读取芯片数据。阅读器的作用是访问芯片并取出存储数据[24]，为实现这一目标，阅读器将广播一组电磁信号，在一定范围内处于同一频段的射频识别芯片会作出响应。射频识别芯片通过信号获取电量，然后会发射一段加密信号作为回应[25]，阅读器对信号解密并将信息结果传给后台系统。后台系统负责数据操作和存储，并形成可供用户使用的数据资源[26]。

通过对射频识别系统进行设置，可以让用人单位无法取回员工的任何个人信息，但是在某些情况下芯片包含的数据可能成为个人数据。GDPR 也提到了这种可能性，虽然没有使用“射频识别技术”等表述，但明确指出“自然人可能与其设备、应用程序、工具或协议的网络识别器相关联，比如……射频识别标签"[27]。

那么用人单位是如何识别携带芯片的员工呢？首先，芯片本身可能含有员工信息。换句话说，芯片可以当做一个信息载体，包含员工姓名、地址、年龄或健康状况等信息[28]。此外，还可能包含照片、指纹或虹膜信息，以支持人脸或生物特征识别，从而增强安全性[29]。如果关于某员工的信息被存储在芯片上，那么毫无疑问这些信息属于个人信息。

或者还有一种更常见的情况，就是芯片只包含一串唯一数字识别码[30]。单独来看，这串数字本身毫无用处。但是，欧盟法院规定动态IP地址也属于个人数据[31]。那么问题来了——芯片唯一识别码是否也适用于同样的逻辑？在芯片植入中，后台系统一般通过引入数据库，从而将芯片数据与储存的其他数据相关联，或者直接自己存储芯片信息[32]。如果芯片唯一识别码可以指向某个员工，而在数据库的帮助下该员工最终可以被识别，那么芯片识别码则发挥了实际作用[33]，在这种情况下，芯片信息将被视为个人数据并适用于GDPR。

即便芯片对所收集的数据使用了匿名技术，个人的身份也仍然可能显示出来。比如后台系统记录到芯片每天都出现在玛丽的房间，那么就可以马上得出被植入芯片者是玛丽的结论。如果芯片被用来监视定位，且员工在某个特定场所工作，那么则可能通过分析员工的移动数据来获知其身份。因此，我们可以确定，上述情况属于GDPR的适用范围。

另外，用人单位还需要对未来使用芯片中的个人数据相关问题加以考虑，因为GDPR建立的"第29条工作组"[34]认为在对个人数据进行分类时，需要充分考虑到未来技术进步的因素[35]。这对于芯片植入领域来讲尤为重要，因为未来芯片的潜能将进一步增强，可能具备GPS追踪能力和语音激活软件[36]。

综上所述，通过芯片植入进行员工个人数据处理的渠道有两种：

一是个人数据直接存储在芯片上；二是个人数据与芯片唯一识别码绑定后间接指向某员工，而数据实际存储在后台系统中。如果从芯片获取的数据与某个（现在或将来）已识别或可识别的员工相关联，那么这些数据属于个人数据，而对数据的处理将属于 GDPR 的适用范围。

3　员工同意是否构成芯片植入合法的依据？

只有在 GDPR 列出的几个有限的法律依据基础上，个人数据处理才是被允许的。这些法律依据构成了员工个人数据处理的前提条件，如果没有直接以其为依据，那么数据处理就是不合法的。在雇佣关系中，数据处理通常以合同为依据[37]。然而，只有当数据处理是履行合同的必须要素时，合同才能作为法律依据。对于被植入芯片员工的监控来讲，合同无法构成依据，因为使用芯片数据并不是履行合同义务不可或缺的要素。因此，本文认为合同并不构成监控被植入芯片员工的依据。下面将讨论另一个可能的法律依据——同意。

要想在工作场所合法使用芯片，用人单位需要在员工可以自由表达意见的情况下获得员工的同意。但是在雇佣环境下，“同意”因为可能沦为一种空洞的形式主义而饱受批评[38]。本文认为，用人单位如果想要给员工植入芯片，需要证明员工的同意符合 GDPR 所要求的所有标准，而做到这一点难度很大。

首先，“如果数据主体没有真实的或自由的选择，或者无法在不受损害的情况下拒绝或撤销同意，那么这种同意则不视为是在自由表达意见的情况下获得的”[39]。如果数据主体为了换取某种好处而表示了同意，那么这种同意是无效的[40]，而职场上的员工就属于这种情况。事实上，由于雇佣关系双方的力量不平等，员工几乎不可能行使自由意志[41]。因此用人单位不得利用其地位来迫使员工同意植入芯片。

但是，GDPR 并不禁止“同意”在雇佣关系中的使用[42]。本文认为，并不是每个员工在雇佣关系中都处于明显弱势的一方，比如位于领导岗位的员工或者小企业的员工。在某些情况下，员工同意也许可以构成芯片植入合法的依据，但是用人单位仍然必须要证明这种同意是在可自由表达意见的前提下获取的。

如果员工的同意被用作监控被植入芯片员工的法律依据，那么应该仅限于员工可在不受任何负面影响的情况下真正行使自由选择的情况[43]。在 GDPR 框架下，在评估员工是否可在自由表达意见的前提下给出同意的时候，最应该重点考虑的是在个人数据处理并非合同履行的必要因素的情况下，员工同意个人数据处理是否构成合同履行的先决条件[44]。这一条针对的是某些招聘条件“要么接受要么走人”的情况[45]。因此，任何雇佣决定决不能取决于员工是否同意植入芯片。但是，在雇佣关系中，表示不同意往往是复杂的。比如，如果用人单位的办公场地只能使用芯片进入，或者用人单位在面试中询问应聘人员是否同意植入芯片，这时候提出不同意是很难的。我们可以确定，在上述两种情况下，员工同意使用芯片植入技术是被迫的。

有时候，拒绝同意也同样困难，这里是指拒绝本身会成为一种“不正常”的举动[46]。比如已经植入芯片的同事可以产生示范效应，消除其他人对芯片技术的疑虑[47]，形成人人都想要被植入芯片的企业文化。在某些情况下，可能很容易忽略同意的重要性，员工可能无法理解同意的后果[48]。某些员工可能觉得同意植入芯片很有意思，因为他们也可以从技术中受益，比如可以享受更便捷的服务、尝试新技术应用、感受公司所推崇的未来感[49]。个案的传播、同事间的压力、芯片提供的功能、工作场所的设施等都会成为员工同意植入芯片的诱因，从而影响了员工同意的效力。因此，员工在就芯片植入仔细思考并做出理智决定的时候，往往会受到外部环境的影响。

最重要的是，自愿植入芯片需要员工在完全知情的情况下同意。同意需要给出明确的行动范围，即员工需要获知相关信息才能知道自己同意的是什么[50]。但是对于芯片植入来讲，这种知情决策是很难做到的。本文认为，知情同意应包括恰当了解芯片数据的使用、阅读器的放置、从芯片取回的数据是否与其他数据绑定。同时也要让员工知道，因为技术设计原因，芯片是无法被关闭的，也无法使设备上的个人数据不被阅读。另外，光是带有目的性地告知员工也是远远不够的，有研究显示，过于专业、冗长且复杂的隐私提示或政策文件通常难以让数据主体真正了解数据加工行为的实质[51]。还有研究发现，即便是公司发布了指引和政策文件，员工对文件内容掌握得也不是很好。在大多数情况下，员工要么记不住，要么从没读过[52]。这些通知和政策文件没有明确告诉员工收集了哪些数据、用于什么目的、怎么分析数据、得出哪些结论[53]。同时可以预见的是，用人单位为了免责以及方便未来数据使用，会将隐私政策写得模棱两可，以求能够覆盖未来不可预见的数据处理需求[54]。本文认为，通过这种隐私通知和政策文件的方式收集的员工同意书是毫无意义的，因为宽泛随意的信息无法真正让员工了解芯片植入的方方面面和潜在影响。

幸运的是，员工有权在任何时候撤销同意[55]。但是，如果在工作场所中芯片“所提供的服务”仍然存在或没有受限，员工撤销同意还是很困难的[56]。因此，必须确保员工能够在不受损害的情况下撤销同意。本文认为，用人单位必须承担从人体取出芯片的手术费用，并保证提供给员工的服务不会削减。

综上所述，员工必须真正同意植入芯片并且有拒绝这一新技术的实实在在的机会。本文特别指出，必须向员工强调其同意的重要性，员工必须有针对性地获得相关信息，对用人单位使用的技术和监控行为有较好了解。芯片的祛除必须与植入同样简单方便。如果上述任何要求不可能或很难被证明，则说明可能需要为处理芯片数据寻找其他法律依据。

此外，由于GDPR关于同意的相关规则十分复杂且模糊，因此芯片植入领域未来可能不会沿着清晰的方向发展，从而导致员工隐私保护进一步恶化。本文认为，就芯片植入建立一套清晰稳定的框架对于员工和用人单位都大有裨益。由于雇佣关系双方力量不平衡，因此本文认为，应该诉诸国家层面法律来增强员工拒绝芯片植入的能力，并就监控被植入芯片员工的行为提出具体规则。鉴于员工植入芯片应是选择性的且完全自愿，可以考虑立法禁止强制使用芯片，或要求企业必须确保工作场所设施永远支持多种不同的技术，而不能只使用芯片。

4 用人单位监控植入芯片员工是否构成合法利益？

由于对员工同意在实施中的法律可行性存在顾虑，学界开始考虑为员工监控寻找其他可替代的法律依据[57]。鉴于同意的内涵，本文认为员工同意应与其他法律依据一起，共同构成芯片植入中数据处理的法律依据。同意仍然是员工在个人数据处理前对个人数据行使控制权的唯一渠道，因此不顾员工拒绝坚持为其植入芯片的行为是非法的，势必侵害员工的身体完整性和人类尊严，有违基本人权。

鉴于雇佣关系的本质，用人单位在员工面前存在某种程度上的权威性，那么与员工同意一起可作为法律依据的另一个要素就是用人单位的合法利益[58]。以此为依据，如果用人单位的商业利益十分巨大以至于压倒了员工在隐私和数据保护等方面的权利，那么用人单位可以处理员工个人数据[59]。

“第 29 条工作组”指出，要想使用企业合法利益作为法律依据，用人单位必须进行相称性测试，并平衡好其合法利益与数据主体的利益和基本权利。平衡测试包括列出对员工的潜在影响，包括造成的隐私相关风险、对于相关风险实际发生概率的测算以及严重性[60]。与除员工同意以外的其他法律依据一样，合法利益也需要通过必要性测试[61]，即用人单位需要证明使用芯片是必要的，而且除了芯片以外没有其他对员工侵犯性更小的监控方法。一般来讲，数据处理的影响越负面或越不确定，且监控方式的侵犯性越强，那么平衡之后数据处理被认为是合法的可能性就越高。

不幸的是，上述平衡性测试饱受诟病，因为测试太过宽泛且不易理解，测试本身可解读的空间也很大[62]。平衡性测试的难点在于，权利的平衡无法遵循清晰明确的框架，而是取决于每个案例的实际情况。由于平衡性测试由用人单位负责开展，因此测试是否保障了雇佣双方的公正平衡以及是否存在偏见，仍存在很大疑问。平衡性测试还需要进行大量严谨的分析工作，对于用人单位来讲过于复杂。

在这一问题上，欧洲人权法院的判例法可作为有益指引。在“Bărbulescu 诉罗马尼亚”一案中[63]，法院进行了相称性分析，并就各国法院在处理员工隐私问题上提出了一系列相关评估标准，总结如下：一是就使用监控措施的可能性以及相关措施的实施进行事前通知；二是监控程度以及对员工隐私的侵犯程度；三是用人单位是否追求某些合法目标并能支撑监控行为的合理性；四是是否不存在其他侵犯性更小的监控方式；五是被监控员工最终受到的影响以及用人单位是否使用了监控系统给出的结果；六是是否向员工提供了适当的保障措施[64]。

其他国家和地区也有不少平衡性测试的案例。比如澳大利亚联邦法院开展了一项包含四个部分的测试，用于评估使用芯片监控员工的适当性。测试提出了以下问题：能否证明所使用的方法对于达成某种需求是必要的；该方法对于满足该需要是否有效；隐私方面的损害是否与所得到的利益相称；为达成统一目标是否存在对隐私侵犯性更小的方法?[65]

在这些法院审理的案件中可以发现，将合法利益作为使用植入芯片的法律依据是十分复杂的，因为使用芯片可能对员工造成非常严重的影响，比如如果用人单位通过芯片实时收集员工的进出规律、地点、速度和移动等信息，那么对芯片信息的系统性读取将暴露该员工的个人习惯，从而建立员工画像。对员工的不间断监控是对其隐私权的严重干涉[66]。因此，合法利益不应作为处理员工个人数据的法律依据。

尽管“第 29 条工作组”（现在已更名为“欧洲数据保护理事会”）提出了有益指引，法院也有相关判例，但对于那些计划使用芯片监控员工的用人单位来讲，目前仍没有现成的司法解释。本文认为，需要尽快发布司法解释，因为解决这些问题有利于用人单位决定在工作场所使用芯片是否恰当，并在侵犯隐私的方法根深蒂固之前形成最佳实践。在下面两个案例中，芯片植入和芯片数据监控可视为具有合法权益，因而是合法的。

在第一个案例中，某公司通过植入芯片的方式为员工提供进入某些房间和储物柜的授权，而这些房间和储物柜都含有危险化学品。芯片的目的是防止未经授权下接触化学品、监控员工对化学品的使用，以保障员工安全，并预防误用化学品（比如偷窃或错放）。在这个案例中，给员工植入芯片带来巨大的安全利益，因此芯片的使用是合法的，特别是可以防止发生事故和造成生命损失。本案例中，芯片无法从身体剥离出来，这反而是一个正面措施，因为可以防止员工私自取下芯片并造成危险。

此外，本文认为在研究芯片植入问题时，行业和岗位的特性也是决定雇佣双方的利益是否平衡、侵犯程度是否合理的重要因素。鉴于保护员工和客户的安全及健康是用人单位的职责，对于某些职业来讲，使用芯片植入将更容易被接受，比如对警察、士兵和消防员定位以便于在紧急情况下对他们开展救援，为含有高度敏感数据的保险柜提供安全保密的访问权限，防止实验室或矿山事故，或者用于精神病院。在上述情况下，用人单位可以说向员工手中植入芯片不仅是必要的，而且是侵犯性最小的监控方法，因为其他方案都达不到这么好的效果。

在第二个案例中，某公司的员工植入芯片后可以打开房门、使用办公设备、从自动贩卖机购买食品。芯片的唯一目的就是为员工提供各种方便快捷的服务，用人单位只有在员工发起投诉的情况下才会访问芯片数据，比如员工申请使用电脑但未获批准。不想植入芯片的员工可以使用门禁卡，也能实现同样的功能。

但是在第二个案例中明显存在其他可替代的识别方式（比如门禁卡或可穿戴设备），那么此时用人单位还可以说向员工手中植入芯片是必要的，而且是侵犯性最小的监控方法吗？这个问题三言两语很难回答。本文认为，此案例中处理芯片数据的行为可以被视为具有合法利益，因为公司对员工的监控十分有限，芯片与门禁卡的功能一样，且员工可以选择使用门禁卡或芯片。

在上述两个案例中，用人单位还可以采取额外措施，缓解或降低芯片数据处理的范围和影响，使用匿名化技术、数据汇总、隐私增强技术等技术措施和组织方法，从而更好地遵守 GDPR 相关规定。对员工的影响越大，就越应该注意加强保障措施[67]。最重要的一点是，用人单位可以对芯片收集的数据进行严格限制，并在使用后立即删除。

在上面两个案例中，如果用人单位以员工同意和合法利益作为开展数据处理的两个法律依据，那么权利的平衡也许是可以实现的。当然，要想让监控合法，必须确保员工真正同意使用这项新技术，且雇佣双方的利益是平衡的，否则植入芯片仍然是违法的。另外，为实现平衡，用人单位还需要使用保障措施，以确保收集的数据不会进一步用于员工追踪或评估等非法加工处理。

综上，随着芯片植入在工作场所的使用愈发频繁，本文强调需要就员工植入芯片的行为制定专门监管规则。值得注意的是，任何组织都无权追踪其员工的移动，但在植入芯片的加持下，未来用人单位如果有需要是可以获取此类信息的，比如芯片可以搭载 GPS 等定位装置以及其他侵犯性更强的技术，从而提取更多员工数据。芯片的这些新功能增加了技术滥用的可能性，在这种情况下，应加强国家立法来监管芯片的使用，比如仅允许某些需要用人单位具有较大控制权的特殊行业和岗位使用植入芯片。

5 结语

虽然现在很难预测植入芯片作为监控员工活动的手段会变得多么流行，但全世界范围内不少组织已经开始使用这一方式。因此，与其怀疑植入芯片在工作场所中是否真的有用，学界和政策制定者不如抓紧研究如何管理植入芯片的应用，以更好保护员工的隐私。本文旨在研究 GDPR 对植入芯片的适用性，以及植入芯片在 GDPR 框架内的合法性。

本文分析后认为，如果芯片数据与某个已识别或可识别的员工相关联，那么则适用于 GDPR。如果个人数据直接存储在芯片上，或者通过将芯片唯一识别码与其他数据绑定从而使个人数据与某员工产生间接关联，那么 GDPR 也适用。

鉴于芯片对人体的物理侵犯性，用人单位不得强迫员工使用，且不得排挤不想植入芯片的员工。植入芯片可能涉及身体完整性等基本人权方面的问题，因此用人单位如果想要通过芯片收集数据，则必须在获得有效同意的情况下在工作场所中合法使用植入芯片。建议用人单位明确告知员工其同意与否是完全自愿的。

然而，由于前述提到的一些问题，本文认为员工同意不应作为处理被植入芯片员工之数据的唯一法律依据，而是应该与用人单位合法利益一起作为法律依据。

对于希望使用芯片数据进行员工监控的用人单位来讲，合法利益以及员工同意两个法律依据为其提供了可操作的空间。只要用人单位能够证明监控措施并非不对等，且采取了恰当的技术和组织手段来保障植入芯片员工的权利，那么用人单位就可以采取侵犯性更强的监控手段。

国家层面的具体规则可以作为 GDPR 通用框架的补充，以更好保护被植入芯片的员工。本文认为，由于 GDPR 相关条款过于复杂和模糊，植入芯片可能不会沿着清晰的路径拓展，从而导致员工隐私保护进一步恶化。因此就植入芯片提出清晰稳定的监管措施对员工和用人单位都大有裨益。事实上，鉴于雇佣双方间的力量不对等，国家法律应增强员工拒绝植入芯片的能力，并针对使用芯片监控员工的行为提出具体规则。员工植入芯片应该是选择性的且完全自愿，可以考虑立法禁止强制使用芯片，或要求企业必须确保工作场所设施永远支持多种不同的技术，而不能只使用芯片。

随着芯片可以搭载 GPS 以及其他侵犯性更强的技术，并提取更多员工数据，未来用人单位还可能获取员工的移动数据和其他敏感信息。芯片的这些新功能增加了技术滥用的可能性，为防范这种情况发生，建议应加强国家立法来监管芯片的使用，比如仅允许某些需要用人单位具有较大控制权的特殊行业和岗位使用芯片植入技术。

1　Glaser（2017）。

2　Ogriseg（2017）。

3　射频识别设备是用于远程识别的技术，其使用的标签（或发射机应答器）芯片载有高达 2 千字节大小的数据，可以对持有芯片的物品（或人类）信息进行定位、识别和传输，射频识别无需身体接触或视线接触即可捕捉到数据，MHI（2019）。

4　Khan（2015）。

5　Rodney 等人（2008）。

6　Gauttier（2019）。

7　加拿大隐私署长办公室（2008）。

8　Martins Esfola（2018）。

9　Kanarbik（2018）。

10　Thiesse（2007）。

11 Thiesse（2007）和 Gauttier（2019）。

12 Roosendaal 和 Kosta（2008）。

13 世界经济论坛（2017）。

14 世界经济论坛（2017）和加拿大隐私署长办公室（2008）。

15 Graveling 等人（2018）。

16 Tikkinen-Piri（2017）。

17 Schmidt 和 O'Connor（2018）。

18 欧洲议会和欧洲理事会 2016 年 4 月 27 日关于个人数据处理和此类数据自由流动相关自然人保护的第 2016/679 号条例，废止第 95/46/EC 号指令（（2016）OJ L119）。

19 同上。Ogriseg（2017）。

20 同上。欧洲议会和欧洲理事会第 2016/679 号指令第 88 条。

21 本文没有对“处理”的概念进行分析讨论，因为 GDPR 第 4 条第 2 款对于处理的定义十分广义，包含了对个人数据可能的所有操作。无论用人单位开展何种操作或使用何种技术，其行为都属于 GDPR 定义的“处理”范畴内。

22 同上。欧洲议会和欧洲理事会第 2016/679 号指令第 4 条第 1 款。

23 信息署长办公室（2012）。

24 Meints（编著）（2007）。

25 Meints（编著）（2007）和 Graveling 等人（2018）。

26 Graveling 等人（2018）和 Meints（编著）（2007）。

27 Graveling 等人（2018）和 Meints（编著）（2007）。欧洲议会和欧洲理事会第 2016/679 号指令序言第 30 条。

28 Halperin 等人（2008）。

29 Halperin 等人（2008）和 Graveling 等人（2018）。

30 Fischer-Hübner 和 Hedbom（编著）（2008）。

31 欧盟法院第 C-582/14 号“Patrick Breyer 诉德意志联邦共和国”案判决（2016）。

32 同上。Meints（编著）（2007）。

33 同上。Roosendaal 和 Kosta（2008）。

34 第 29 条数据保护工作组是欧洲一个处理隐私和个人数据保护相关问题的独立

工作组织，工作时间至 2018 年 5 月 25 日 GDPR 生效为止。

35　第 29 条数据保护工作组（2007）。

36　Rodriguez（2019）。

37　Rodriguez（2019）。欧洲议会和欧洲理事会第 2016/679 号指令第 6 条第 1 款 b 项。

38　Padi（2018）。

39　Padi（2018）。欧洲议会和欧洲理事会第 2016/679 号指令序言第 42 条。

40　Belli 等人（2017）。

41　第 29 条数据保护工作组（2017）。

42　第 29 条数据保护工作组（2017）。

43　第 29 条数据保护工作组（2017）。

44　第 29 条数据保护工作组（2017）。欧洲议会和欧洲理事会第 2016/679 号指令第 7 条第 4 款。

45　Mangan（2018）。

46　Poullet（2009）。

47　Poullet（2009）和 Gauttier（2019）。

48　Custers 等人（2013）。

49　Custers 等人（2013）和 Gauttier（2019）。

50　Mitrou（2019）。

51　Special Eurobarometer 359（2011）。

52　Suder 和 Siibak（2017）。

53　Solove（2013）。

54　Solove（2013）和 Padi（2018）。

55　同上。欧洲议会和欧洲理事会第 2016/679 号指令第 7 条第 3 款。

56　同上。Martins Esfola（2018）。

57　Custers 和 Ursic（2018）。

58　Custers 和 Ursic（2018）。欧洲议会和欧洲理事会第 2016/679 号指令第 6 条第 1 款 f 项。

59　根据 GDPR 规定，如果数据处理对于实现用人单位所追求的合法利益目标具有必要性，那么用人单位可以合法监控员工，但合法利益不得凌驾于员工的基本权益和自由，否则此条款不适用。

60　第 29 条数据保护工作组（2014）。

61　第 29 条数据保护工作组（2014）。

62　第 29 条数据保护工作组（2014）和 Martins Esfola（2018）。

63　欧洲人权法院大审判庭第 61496/08 号“Bă rbulescu 诉罗马尼亚”案判决（2017）。

64　Ărbulescu 诉罗马尼亚（2017）§ 121。

65　澳大利亚联邦法院第 FC852 号“Eastmond 诉加拿大太平洋铁路公司”案判决（2004）。

66　同上。第 29 条数据保护工作组（2017）。

67　同上。欧洲议会和欧洲理事会第 2016/679 号指令第 17 条；另参见第 29 条数据保护工作组（2014）。

第五篇　电子人格：智能自主外科手术机器人的第三人格?

作者：托马斯·加布里尔·加西亚米克①

摘　要：早在2017年，欧洲议会法律事务委员会发布了一份颇具开创性的文件——《关于向欧盟委员会提出机器人技术民事法律规则建议的报告草案》（简称“议案”或“欧洲议会规则建议”）。议会规则建议的目的是应对智能自主机器人带来的法律挑战等一系列问题提出一套欧盟通用的解决方案。本文主要探讨的是议会规则建议中关于向机器人赋予电子人格的建议，下文将仔细研究该建议是否存在法律依据，并探讨其适用性。

1　引言

技术的演进速度快于法律框架的完善速度，这已经是不争的事实。最近人工智能（AI）与医学科学[1]之间的互动愈发频繁，而欧洲议会也致力于建立一套规则来应对新兴技术带来的法律问题。2017年2月16日，欧洲议会发布《关于向欧盟委员会提出机器人技术民事法律规则建议的报告草案》（2015/2103（INL）），本文将重点讨论该报告中

①　西班牙庞贝法不拉大学，电子邮箱：tomasgabriel. garcia@ upf. edu。

提出的一项建议，即[2]：

长期来看，为机器人赋予具体的法律地位，这样至少最为先进的自主机器人可以具有电子人的地位，有责任对其造成的损害进行赔偿，并可能在机器人开展自主决策或机器人与其他第三方进行独立交互的案件中使用电子人格。

相应地，对于最为先进的机器人（即完全自主机器人）来讲，为其赋予电子人格是未来可能的解决方案。在外科机器人领域，上述建议不包括目前在用的外科机器人，因为这些机器人大多属于远程操作机器人、主从系统[3]或遥控机器人[4]，由外科医生在操作台对机器人进行远程控制，机器人服从外科医生的指令。在现行技术下，上述机器人造成的损害一般由人类负责，向受害人提供法律救济也不需要电子人格。但是，由于原告承担了证明发生过伤害的举证责任（比如证明机器人设计缺陷导致功能失常、机器人代码有缺陷、远程操作机器人的外科医生发生疏忽等），现行体系暴露了一些其他问题[5]。

从当前外科技术的发展阶段来看，虽然必须动用上述新型解决方案的时刻离我们还很遥远，但考虑到技术进步的速度，现在对新方案进行评估讨论并非为时尚早。对于欧洲议会规则建议，本文并不赞同——虽然赋予人格在某种程度上解决了责任的问题，但也引发了新问题，而规则建议并没有充分考虑这些新问题所带来的法律影响[6]。为机器人赋予人格的同时也给机器人带来额外的权利和义务，比如对其分配财产[7]、拥有私产、纳税、拥有宪法权利和义务[8]等[9]。给机器人赋予的法律人格好比介于自然人和法人之间的第三人格，与之相比，议会规则建议中提出的其他方案是解决责任问题的更优解。

特里布纳曾发表过如下言论，算是部分总结了本文所讨论的相关问题："私法面临着这样一个选择——要么为自主代理软件赋予独立的法律地位，并将其视为负责任的个体，否则无人负责的各类'事故'将越来越多。"[10]要应对这一问题，还有第三种解决方案，即对现有法律体系进行全面审查并进行必要调整，以应对新技术的现实和挑战。本文认为，这才是最佳解决方案。

本文结构如下：第 2 节介绍了当前使用的外科手术机器人现状，为后续章节分析讨论的相关概念提供最新信息；第 3 节对欧洲议会规则建议进行概述，这是欧盟关于机器人技术问题的最新立法计划；第 4 节分析对自主机器人赋予电子人格的可行性和必要性，对现有学说进行批判性分析，并提出与议会建议不同的解决方案；第 5 节是结语，对当前还处于理论阶段但十分热点的问题进行思考。

2　外科手术机器人发展现状

外科手术机器人是医学和外科手术相关技术发展的新阶段。在外科领域，机器人被定义为“电脑指导下的机械接口”[11]，具有“可再编程性”并“配备传感器和执行器”[12]。

虽然该领域有不少新进展[13]，但目前最先进的是达芬奇外科手术系统，这是很多医院都在广泛使用的一套主从系统[14]。表 1 列出了 2018 年 9 月 30 日至 2019 年 9 月 30 日之间达芬奇系统在全球的安装情况[15]。

如表 1 所示，一年间达芬奇系统的全球安装率增长了 12.3%，数量从 4814 台上升至 5406 台，这使得责任问题不再只是个纯粹的理论问题。此外，根据美国食品药品监督管理局 MAUDE 数据库公布的数据，2000 年至 2013 年共发生 174.5 万台外科手术，其中有 5420 台手术的副作用与使用了达芬奇系统有关[16]。

表 1　2018 年 9 月至 2019 年 9 月达芬奇系统安装数量　　单位：台

地区	2018 年 9 月 30 日	2019 年 3 月 31 日	2019 年 9 月 30 日
美国	3110	3283	3459
欧洲	821	893	936
亚洲	629	661	718

续表

地区	2018 年 9 月 30 日	2019 年 3 月 31 日	2019 年 9 月 30 日
其他地区	254	277	293
总数	4814	5114	5406

尽管达芬奇系统作为一款主从设备的典范[17]，是目前世界上使用最多的外科手术机器人，但在医学领域高速发展的促使下，更加先进的新型机器人层出不穷。智能自主机器人[18]是不再需要远程控制的机器，通过与人工智能和机器学习[19]相结合，机器人可以独立行动，因为其被赋予了“在不受外部控制或影响的情况下，在真实世界做出决策并执行决策的能力”[20]。

整体上看，外科手术机器人对于法律体系来讲还属于新鲜事物，因此法学界尚未着手研究机器人自主性概念的具体特征。举个例子，自动驾驶汽车也有类似特征，目前学界已在机器自主性分类和程度的相关研究上取得了一些进展。汽车工程师学会将自动驾驶汽车的自主性分为五个等级：零级是完全无自动化，“系统自动辅助驾驶员重新获取汽车的控制权”[21]；一级是特定功能自动化，“系统控制某个功能”[22]；二级是联合功能自动化，“系统控制至少两个及以上功能”[23]；三级是有限的自主驾驶自动化，“驾驶员在特定情况下可让渡全部控制权”[24]；四级是完全的自主驾驶自动化，“驾驶员全程都无需参与”[25]。但是，科学界对上述分类并不认可[26]，认为“该领域的研究是非常动态的，我们认为还未达到成熟阶段。随着新概念的演进，现在广泛使用的分类方法未来可能会不断调整”[27]。

科学界根据机器人的自主性程度将其分为四种类型（且不认可所谓的第五类“领航型”机器人），包括：被动型、半主动型、主动型和机械臂型（也称“遥控机器人”[28]）。被动型机器人是指“对手术程序提供支持但术中并不主动参与”[29]的系统；半主动型机器人是指“就手术工具提供指导但实际手术操作仍由外科医生完成”[30]的系统；主动型机器人“能够在没有外科医生直接干涉的情况下自主完成诸如钻孔、碾磨等外科动作”[31]；机械臂是指能够“跟着操作者（即外科医生）的手部动作进行相应动作的器械，操作者的控制台不在现场，可能在手术室的某个地方甚至在国外通过高速通信电缆进行传输”[32]。

由于技术的演进速度远远快于学界和法律框架调整的速度，我们正进入一个外科手术机器人的新时代，典型的例子就是智能组织自动机器人（STAR© 机器人）。STAR 机器人被定义为半自主型机器人[33]，但是“在输入标记位置后，机器人可以自主完成肿瘤切除工作”[34]。

上面罗列的场景意味着，既需要解决达芬奇系统或其他远程操作机器人引发的已经存在的法律问题，也需要解决 Verb Surgical 系统[35] 这种搭载了人工智能和机器学习能力的尖端技术机器人所带来的潜在问题。

3　辩题的起源：欧洲议会规则建议

欧洲议会提出规则建议的初衷是提高欧盟民事法律对机器人技术的适用性，不涉及对欧盟侵权法的调整，而是对民事法律中的一些领域进行实质性修改，包括民事法律责任、国际私法、监管法、健康法、就业与教育法、环境法、辩护法以及基本权利和伦理。

2016 年 5 月 31 日，欧洲社会党和法律事务委员会成员玛迪・德尔沃作为报告人，提交了一份关于欧洲议会规则建议的报告草案，其中包含一系列实质性建议。第一，该建议旨在解决人工智能[36]（没有具体指出是强人工智能还是弱人工智能[37]）和机器学习[38] 应用所引发的法律问题。第二，与责任相关的规则被认为“不够充分”[39]，因此“需要制定新规则来明确机器如何为其行为或过失承担部分或全部责任”[40]。第三，该建议与本文第 2 节的内容相关，即呼吁研究“智能机器人应该被视为自然人、法人、动物还是物品；是否需要根据智能机器人的特性和内涵建立一个新类别，从而明确其权利和义务，包括为损害承担法律责任”[41]。第四，就解决民事责任问题提出了若干解决方案，即建立一个严格责任制度框架，包括：一是“强制保险制度”；二是“赔偿基金”，类似于现在用于赔偿医疗[42]和非医疗[43]问题的基金，通过“为智能自主机器人设立赔偿基金，可以使生产商、编程人员、所有者或使用者仅承担有限责任”；三是“为机器人赋予特殊的法律地位，这样一来至少最为先进的自主机器人能够具有电子人的地位，从而具有权利和义务”[44]——这一条建议也正是本文的研究课题。

2016年10月，欧盟内政总署（以下简称“总署”）就欧洲议会规则建议发布了一份报告[45]，全面分析了决议的动议，反对那些认为电子人格“无用”或“不宜”的观点，因为“法律人格与机器人的内在或情感没有任何关系，从而避免了机器人是有意识的存在这样一种有问题的假设”[46]。这一观点引发了一个疑问——难道现有的法人（即公司或组织）是有“内在或情感”或者是“有意识”的吗？

针对上述疑问，总署并未给出清晰的回答，只是指出法律已经给非人类实体赋予了法人地位，这种地位不应扩展至智能机器人[47]，支持了代理理论的相关观点。总署认为法人和机器人的区别在于：“法人之所以能够在法律范畴内开展活动是因为背后有人类作为其代表”；而对于机器人来说，“我们有两个选择，要么机器人背后有真实的人类作为真正的法律行为人，要么机器人本身是法律行为人”[48]。在第一种情况下，“人类将代表电子人，从法律意义上讲电子人与法人一样，只是一个被创造出来的虚构的物体”[49]，但是总署报告认为决议动议所针对的是完全自主性机器人，与人类没有任何关系。在该报告看来，这种情况的解决方法很简单，只需要采用前面提到的第二种思路即可，根本无需给一个“没有意识、情感、思想或自身意志的机器”赋予人格[50]。但是，法律事务委员会发布的终版报告摒弃了上述反对意见，仍然坚持为自主机器人创建特殊的法律地位[51]。

给机器人创建电子人地位的想法是2017年2月15日欧洲议会辩论的主要讨论焦点之一，其中一些最为有趣的观点来自于内部市场与消费者保护委员会的报告人蒂塔·查拉佐娃[52]，以及吉勒斯·莱伯顿[53]、帕维尔·斯沃博达[54]、阿恩·格里克[55]、约翰·皮门塔·洛佩兹[56]。

2017年2月16日，欧洲议会通过了提出决议的动议：为了应对具有自我学习能力且具备避免与人类互动的足够自主性的新技术所带来之法律问题，明确建议为机器人创建特殊的法律地位，即电子人。下文将分析这一解决方案的可行性。

4　自主性机器人是否应该被赋予人格?

4.1　初步考虑

如前文所述，给机器人赋予人格是欧洲议会规则建议中最具争议性的问题之一。有人可能会说，当前完全自主机器人还不存在，欧盟立法者只是提出一个“长远”方案[57]，未雨绸缪。但是，鉴于目前技术发展路径，涉及远程操作系统的诉讼案件很快就会成为现实，因此（至少欧盟内部）法律体系提前研究出应对诉讼的解决方案是十分重要的。

目前西班牙还未发生手术中使用达芬奇系统而造成伤害的诉讼案件，现有诉讼主要都是针对手术程序本身能否被私人健康保险所覆盖的问题[58]。即便如此，其他司法管辖区发生过使用手术机器人造成伤害而引发诉讼的情况[59]，其中最为人所知的就是发生在美国的“奥布莱恩诉Intuitive Surgical公司”一案（备审案件目录：10C 3005，伊利诺伊州北区联邦地区法院（东区）），以及“泰勒诉Intuitive Surgical公司”一案（备审案件目录：92210-1，华盛顿州最高法院）[60]。

手术机器人不仅是在完全自主化之后会给人类带来风险，其使用过程中擅自滥用人类指导也会带来风险，因为传统的法律解决方案可能不够充分，或者可能反过来增加诉讼程序的时长和成本，增加受害人获得赔偿的难度。现行法律没有顾及到的问题有很多，比如机器人的参与是否对伤害和行为/疏忽之间的因果联系产生了影响；比如有学习能力的机器人某天在手术中给病人造成了伤害，而问题原因与机器人原始代码没有关系，那么谁应该为伤害负责？是制造商，编程人员，还是要求使用机器人的医院？另一个问题来自于欧洲理事会1984年7月25日第85/374/EEC号指令中关于“产品”的定义，该指令主要是关于成员国法律、法规和行政规定中就产品缺陷责任相关条款的相似点，而其所引出的问题是——机器人是产品吗？是否需要对这一概念的传统范畴进行调整，以便适应其所代表的技术革命？上述问题，已经超出了本文的讨论范畴。

抛开以上种种问题不谈，欧洲侵权法体系能够解决大部分私人实体之间的问题，即便是很复杂的问题也可以解决。产品责任法属于更加具体的领域，主要聚焦于产品的具体形态，因此当处理机器人、软件[61]或血液等复杂产品时就会产生很多问题（非法律层面上的）。从这个角度来讲，欧洲议会规则建议所依据的假设条件是否支持这些解决方案在长期的必要性？本文认为答案是否定的。现在比以往任何时候都更加需要解决方案[62]，因为现实已经要求我们提出新方法，增强法律的确定性。为遥远的将来提出解决方案只是一个假设而已，而当前我们需要的是对达芬奇机器人等已经存在的技术提出清晰的规则，这才应该是立法者的首要目标。

4.2 电子人格促进责任落实？

为机器人赋予法律人格需要澄清更多细节，因为目前还不清楚这种人格是否等于让机器人成为有权利和义务的法律主体，还是只为第三方造成的伤害承担责任。新技术责任研究专家组认为，对于完全自主机器人来讲，可以只为了让机器人承担责任（不享有任何权利）这一个目的而为其创建特殊身份[63]。

部分学者建议应对这种人格进行限制，将机器人的地位等同为古罗马帝国时期的奴隶[64]，或者（根据西班牙相关规则或一般代理法）[65]将机器人视作其所有者的代理[66]，所有者的责任仅限于作为私产的电子人所被授予的责任，即便这意味着将私产的法律实质扩展至合同责任范围之外，而根据罗马法律这种情况是适用的[67]。关于后者，部分学者提出了两种解决方案，下面将对其做具体讨论。

4.2.1　代理方案：机器人（电子人）是其所有者的代表

在美国法律中，代理规则的应用可以说代表着一种获得解决方案的强有力企图，因为一般来讲这些规则要求代理方和被代理方都要表示同意建立信义关系[68]，除非囿于法规要求，立法者可以创建“非自愿”代理关系[69]这样的法律假定，类似于法院为出庭人员指派律师的情况。

西班牙法律也有相似机制，《西班牙民法典》第1709ff条所规定的委托关系就要求在双方共识的基础上构建自愿的信义关系[70]。只有在特殊情况下法律才会明确建立非共识基础上的委托关系，比如家长对未成年子女的抚养权[71]、对未成年人或无法自理人士的监护权[72]、监护人与儿童[73]或缺席人士[74]诉讼中的辩方人员。在上述所有情况中，法律明确规定代理方的代表权只限于信义关系所包含的内容[75]。如果考虑代理理论的话，需要明确（在法律重述第8.09款下）“代理的实际权限范围”是什么，或者（在西班牙民法典第1714条下）“委托的范围”是什么。有观点认为，既然代理方（即机器人）的权限范围是编程人员通过代码所授予的，如果损害发生的原因是因为机器人遵守了代码，那么相关责任应由被代理方（即编程人员）来承担。

由于人工智能本质上具有高度适应性，其特性难以控制[76]，因此机器学习可能导致机器人偏离原始代码。如果智能自主机器人因为偏离了代码而造成损害，那么被代理人（即编程人员）是否应被问责？根据代理和委托规则，这个问题的回答是否定的，这就意味着没有人为损害负责。这样一来，我们一开始提出的关于智能机器人的自主行为责任问题还是没有解决[77]。那么，第二种解决方案就是为机器人赋予人格，如欧洲议会规则建议所述，创建一个介于自然人和法人之间的第三人格。

4.2.2 电子人格

在对偏离原始代码的自主机器人适用代理规则时，为机器人赋予人格可以填补相关法律空白，使机器人自己成为责任主体[78]。

与赋予公司或组织的法律人格一样，智能自主手术机器人的独立法律人格也需要有相似的责任范围——机器人背后的人将被免除责任，也就是一般学界所谓的“所有者保护”[79]。为了使这种保护切实可行，有必要确保“人”拥有资产[80]、能够被问责且可以就对第三方造成的损害支付相应赔偿。

有些学者指出，对于新技术和侵权法相关案件来讲，明确责任主体是最难解决的问题之一[81]，而给自主机器人赋予人格可以减轻这一问题上的举证负担。但这种观点并不完全正确，如果机器人的缺陷来自于源代码，那么编程人员应该负直接责任，如果缺陷来自于机器人训练过程，那么道理也是一样的[82]。

仅仅是为机器人赋予法律人格并不意味着原告自动从因果举证责任中解脱出来，仍需要决定机器人的哪个行为或疏忽造成了对原告的伤害，而机器人的律师可以证明，除了机器人行为以外还有更充分的原因造成了伤害。无论如何，举证责任问题仍然存在。事实上，机器人的法律人格只是将问题焦点从责任主体认定转移到因果关系上去，而后者现在也是产品责任索赔的问题之一[83]。

除了上述问题以外，反对机器人法律人格还有许多其他原因，不仅是哲学上的[84]，还有法律上的。首先，完全自主机器人被赋予法律人格的原因与公司相比是不一样的。手术机器人（在不考虑其自主性的情况下）仅仅是一个对病人进行手术的器械，一个工具，而企业法律人格是促进和激励投资战略、扩大经济效益、创造就业的必要工具。

企业被建立的目的是开展经济活动，成为市场参与者并与用户产生互动[85]。企业活动多种多样，比如提供法律建议、制造并提供医疗设备、运输物资、运送病人等，而上述活动如果是在遵守现行法规的情况下定期开展，那么可能因为企业资源管理不力（单纯的经营不善）而产生巨额债务，但是企业创建的本意并不是为了躲避债务。如果企业因为资源经营不善而破产，其创始人不必为债务承担个人责任[86]，除非创始人故意为之，或创建公司就是为了进行违法活动，或为了洗钱等目的。如果政府不管企业破产原因，执意要求企业背后的个人来承担所有债务，那么就不会有人再想创业，也就不会产生工作岗位，经济活动将停滞，国家也将陷入贫困。

需要注意的是，在法人背后总有一个自然人，在某些特殊情况下这个自然人也需要承担债务[87]。而在完全自主机器人的情况下，这种联系似乎消失了，因为机器人的生产商和编程人员可能是不同的人，而他们无法为机器人生产和编程时还无法预见的行为或疏忽而担责（比如机器学习能力促使机器人开展源代码以外的活动）[88]。这个问题超越了道德层面，是一个因果问题，也是侵权法传统理论的问题之一。

对于手术机器人来讲，还有另外一个问题："机器……物体，无论它们表现多么突出；还有无生命体，尽管它们可以像人类一样完成任务，但与人类相比仍存在诸多重大差异"[89]，那么这类"机器""物体""无生命体"是否应该被赋予人格？有观点认为这种做法"有辱人类尊严"[90]，等于在讨论中掺杂了法律以外的道德层面问题。

在研究是否为机器人赋予人格的问题时，需要小心平衡法律和道德问题，为此创建了一套新的法律框架——机器人法[91]。

4.3 可能的替代方案

除去机器人人格之外，其他替代方案也许能更好地解决眼前的问题。可以通过修改现行法律框架来寻求替代方案，即便手术机器人是完全自主机器人，也可以决定机器人在术中造成的损害应该由哪个人或企业来负责；或者寻求其他方案来缓解原告获得赔偿的难度。不管怎么说，责任的落实与人格无关，而是需要全面健全国家和欧盟法律框架，以适应新的技术（这也是欧盟层面一直在推动的事情）[92]。

一个解决方案就是建立一套特殊保险机制，可以再次研究合同法相关制度，来评估如何吸收新兴技术产生的风险和成本[93]。此处需要的并不是通用的民事责任保险，而是因案施策的保险[94]，本质上类似于房主保险。房主保险不仅覆盖某人在自己住所中因火灾等原因遭受的损失，也可覆盖因管道破裂、家用电器维护不善导致火灾等原因而给他人财产造成的损失[95]。也就是说，可以要求智能自主手术机器人的生产商因为向市场中投入具有不可避免危险性的产品而负责，有义务为购买专门保险以覆盖机器人由于现有缺陷而导致在术中可能对第三方（病人）造成的任何损害，这种缺陷包括任何类型的生产、设计或信息缺陷。

如果造成病人伤害的原因是负责手术的外科医生对机器人操作不当，而不是（或无法证明是）因为机器人的缺陷而导致的，那么机器人生产商将无需负责，而原告需要证明外科医生是否恪尽职守或存在疏忽，或者公共医疗系统是否运转正常或发生异常。

关于因案施策的保险机制，具体案例可参见加利福尼亚州 2018 年修订的保险法规第 109 条，其中提出了“员工赔偿保险”的概念，覆盖了用人单位因为“在法律要求下就员工因工作以及在工作中受到的伤害履行赔偿责任时所承担的损失，且无论发生疏忽或错误的是哪一方”。

另外，贝托里尼等学者认为，当风险管理与新兴技术融合在一起时，保险合同的内在消化机制可能会出现问题，因为缺乏充足的数据来预知事故参与方，以及需要防范或赔偿的风险本质和严重性。这反过来会导致三种后果：一是保险公司将某些类型的机器人从理赔范围中剔除；二是保险公司继续使用现行合同，但未来合同将被证明不够充分；三是保险公司提高保费，从而打击技术创新和投资[96]。

新技术责任专家组在其报告中也探讨了这个问题。专家组的态度比较谨慎，认为上述保险计划“在没有对其必要性进行谨慎论证的情况下不应推出”[97]，因为可能对企业在新技术领域的发展和投资带来负面影响。即便如此，专家组认为保险机制的解决方案更加适合某些经济部门，比如运输业、发生人身伤害和/或环境损害影响较高的行业、危险性行业以及某些专业度较高的行业[98]。

应用机器人系统（目前还未完全自主化）的医疗行业是发生人身伤害影响较大的行业，此处并不是指发生概率，而是指病人因为手术机器人在术中使用不当或缺陷而遭受的伤害的严重性。

的确，相较于赋予人格的方案，上述保险机制方案并没有解决手术机器人应用相关的举证难题。但初步来看，相比于为自主机器人赋予电子人格地位的方式，保险机制方案似乎具有更坚实的法律基础。但正如前文所述，这种方法也存在其他现实问题，而这些问题不在本文此次讨论范围之内。

5　结语

本文研究的主要问题是，面对欧盟境内外科手术机器人应用的最新进展，国家和欧盟法律框架缺乏有效调整。

要应对新技术快速演进所带来的问题，欧洲议会规则建议是寻求法律途径的一次初步有益尝试。关于为自主机器人赋予法律人格的建议，学界大辩论凸显了该建议在理论基础上的脆弱性，至少在外科领域的确如此，因为目前亟需能够应对现有先进技术的解决方案。

本文认为，为机器人赋予法律人格是不必要的。机器人不需要被问责，也就不需要被赋予人格。本文提出了第三种解决思路，即调整现有法律框架来应对自主外科手术机器人等先进新技术的挑战。虽然给企业赋予法律人格的必要性已经明确，即为了在刺激经济增长的同时保护董事和股东免于个人完全承担无限债务，但是目前还没有明显的理由促使我们为智能自主外科手术机器人创造第三人格。其他视角也可提供更多适宜的解决方案。

有必要再次强调，机器人不是企业。机器人（以及外科手术机器人）是机器，是用于诊断或治疗病人疾病的工具。虽然机器人对人类健康的作用很基础、很重要，但其本质与企业完全不同。外科手术机器人不需要被赋予人格，我们不需要讨论是否有人有义务为机器人缴纳社保或支付工资，或者机器人是否有权放假、有权投票，或是否应享有劳动权或休息权。机器人的每日工作时间是否要做限制？机器人是否有权成立工会？讨论这些问题都是没必要的，至少现在还没必要。如果赋予人格是唯一可行的方案，那我们必须建立一套完全不同的人格体系，其中机器人要承担责任，但不享有权利。

最后总结一下，欧洲议会规则建议所提出的为自主机器人赋予人格的解决方案不存在必要性，因为有其他更好、更有效的方法，比如建立机器人生产商强制保险制度。

1　参见 Houssami 等人（2017）和 Ramesh 等人（2004）。

2　以下简称“议案”或“欧洲议会规则建议”。

3　本文中作者将使用 Wolf 等人（2009）的分类方法，即医疗机器人可分为被动型、半主动型、主动型和远程遥控型。远程遥控型是指“机器人系统跟着位于机械臂控制台的操作员（外科医生）的手部动作进行相应动作”（p. 1397）。其他对医疗机器人的分类方法参见 Romero Otero 等人（2007）p. 336。

4　Moustris 等人（2011）p. 376。

5　事实上，根据欧盟委员会（2018，p. 27）所述，在国家法院审理的产品责任案件中（这是可以适用于机器人造成伤害相关案件的制度之一），53%被驳回的案件都与举证责任有关，要么原告未能向法庭提供证明机器人存在缺陷的足够证据（102件，占比32%），要么未能证明缺陷与终端用户所受伤害之间的因果关系（67件，占比21%）。如果这种情况已经存在于产品责任领域，那么问题可能更加严重，因为医疗领域有其特殊性，最终导致病人受到伤害的可能是多个原因连续发生作用的结果。

6　关于人工智能和自主机器人赋予人格的全部讨论，参见 Solum（1992）、Karnow（1996）、Allen 和 Widdison（1996）、Teubner（2006）、Chopra 和 White（2011）、Teubner（2018）、Pagallo（2018）、Ercilla García（2018）、Núñez Zorrilla（2019）和 Wagner（2019）。

7　参见 Palmerini 等人（2014）p. 24、Ebers（2019）p. 21。

8　持同样观点的还有 Koops 等人（2010）p. 516、Ercilla García（2018）p. 14、Núñez Zorrilla（2019）p. 57。

9　诸如 Solum（1992）pp. 1239-1240、1243-1253 以及 Gray（1921）等学者使用哲学标准来决定哪些主体应该被赋予人格，标准包括“智慧、自由意志、意识、目的性和情感”；而 Wagner 认为这些标准好比“一份洗衣清单”（Wagner（2019）p. 594）。

10　参见 Teubner（2018）p. 109。

11　参见 Cadiere 等人（2001）p. 1467。

12　参见 Camarillo 等人（2004）p. 2S。

13　参见 Aruni 等人（2018）p. 221。

14　根据 Romero Otero 等人（（2007）p. 336）的分类方法，机器人分为“精确路径系统”“临时替代外科手术机器人”“主从设备”。其他学者使用其他标准来对外科手术和医疗机器人进行分类，比如 Wolf 和 Shoham（2009）将机器人分为被动型、半主动型、主动型和远程遥控型（达芬奇系统属于此类型）。远程遥控型是指“机器人系统跟着位于机械臂控制台的操作员（外科医生）的手部动作进行相应动作”（Wolf 和 Shoham（2009）p. 1397）。

15　参见 Intuitive Surgical（2018）p. 32、Intuitive Surgical（2019a）p. 12、Intuitive Surgical（2019b）p. 11。

16　参见 Alemzadeh 等人（2016）p. 9。在 5420 例副作用中，126 例（2.32%）导致病人死亡，1224 例（22.58%）给病人造成非死亡性伤害。

17　参见 Romero Otero 等人（2007）p. 336。

18　或根据国际标准化组织 ISO 8373：2012 的定义，称为“智能机器人”（国际标准化组织（2012））。我们可以看到机器学习的特性在智能机器人的定义中是如何体现的，通过对外部刺激进行学习将学习能力应用于实际中，而且不只是学习，还会调整自身行为。

19　根据 Pagallo（2018）p. 3，虽然机器人没有代替人类去完成工作或任务，“我们正在使用机器学习系统”，这会影响决策过程，以及学习和应对外部刺激的能力。

20　Delvaux（2017）pp. 6-7。类似地，其他学者将智能机器人定义为有能力“认识复杂事物并作出适当决定”的机器（Singer（2009）p. 77）。参见 Palmerini 等人（2014）pp. 15-17，其中总结了三种不同的“机器人”定义。关于人工智能的定义，另外可参见 Muñoz Villarreal 和 Gallego Corchero（2019）pp. 69-71、Rusell 和 Norving（2008）p. 2。

21　参见 Karanasiou 和 Pinotsis（2017）p. 5。

22　Karanasiou 和 Pinotsis（2017）p. 5。

23　Karanasiou 和 Pinotsis（2017）p. 5。

24　Karanasiou 和 Pinotsis（2017）p. 5。

25　Karanasiou 和 Pinotsis（2017）p. 5。

26　参见 Moustris 等人（2011）。

27　参见 Wolf 等人（2009）p. 1398。

28　参见 Moustris 等人（2011）p. 376。

29　参见 Wolf 等人（2009）p. 1398。

30　Wolf 等人（2009）p. 1399。

31　Wolf 等人（2009）p. 1399。

32　参见 Wolf 等人（2009）p. 1400。

33　参见 Opfermann 等人（2017）。

34　参见 Strickland（2017）。

35　这就是学界所称的“监管联系”问题（Brownsword 和 Goodwin（2012）p. 63 等页、p. 371 等页）。这种问题主要在两种场景下出现：一是出现了一项全新技术；

二是某项已经市场化推广的技术发生突变或变革。在这两种情况下，监管都很难跟上技术的脚步，需要更有效的监管框架来应对。而此时监管需要平衡以下两种因素：一是提高针对病人、生产商、医生等的法律确定性；二是不能产生过重的法律负担，导致新技术研发创新和投资被扼杀（Palmerini 等人（2014）pp. 10-11）。需要指出的是，监管缺失也是欧洲议会法律事务委员会编制报告的一个前提。在欧盟关于机器人技术民事法律规则的报告中，可以看出报告人（玛迪·德尔沃）明确讨论了相关规则在自主机器人场景下的可行性，并强调自主机器人场景的问题是“传统规则不足以明确机器人造成损害的法律责任，因为无法确定损失的赔偿方，也无法要求赔偿方对其所造成的损害进行补救”（Delvaux（2017）p. 7）。此外，内政总署也初步做出如下评论：“举例来讲，要将民事责任法适用于自主机器人存在一定难度，特别是机器造成的损失可能无法简单追溯到人类错误上去。这意味着需要重新审查民法责任的所有内容，包括基本民事责任法、损失责任以及社会相关性。”（内政总署（2016）p. 6）。之后，内政总署提出了六个解决方案，为民事责任法相关讨论奠定了基础，比如提出“机器人间接责任（制度）”的概念（内政总署（2016）p. 16）；比如自主机器人造成损失的定责难题，因为“在某些情况下确定造成损失的原因更加困难，这一点在机器人具备自我学习能力的情况下尤为明显”（内政总署（2016）p. 16）；比如在民事责任制度上不对自主机器人和非自主机器人进行区分，因为如果要做区分，法官将负有检查“机器人当前是否符合智能机器人的定义并确定适用法律”的技术责任，而这反过来是假设诉讼双方都会雇佣“专家来对机器的能力进行认定，这将大幅提高诉讼成本、降低程序效率”（内政总署（2016）p. 17）。本文的目的并不是分析上述所有方案，而是重点研究玛迪·德尔沃在报告中所提出的其中一种方案——为自主机器人赋予法律人格。

36　关于人工智能的定义，目前还没有“已经达成共识的直接定义”（Calo（2017）p. 4）。更多相关讨论，参见 Rusell 和 Norving（2008）p. 2、日本经济复兴总部（2015）p. 21、Calo（2017）p. 4、Puaschunder（2018）p. 2。

37　人工智能彼此之间并不等同，一般分为强人工智能和弱人工智能，参见 Searle（1980）p. 417、O'Regan（2016）p. 257、Wisskirchen 等人（2017）p. 3、Puaschunder（2018）p. 3。

38　参见 Delvaux（2016）p. 5。机器学习被认为是人工智能研究的一个子领域，参见 Surden（2014）pp. 89-90、Calo（2017）p. 4、Muñoz Villarreal 和 Gallego

Corchero（2019）p. 69。

39　参见 Delvaux（2016）para. S（p. 5），V，Y-Z（p. 6）。同样的观点也出现在内政总署报告中（内政总署（2016）p. 6pp. 16-18）以及以下研究中，参见 Lacruz Mantecón（2019）p. 5、Holder 等人（2016a）pp. 7-8。

40　参见 Delvaux（2016）p. 5。在西班牙政府召开的关于修订退休金托莱多协议的会议上，也提到了机器人责任的问题，社会党和“我们能”党达成的初步协议中认为机器人是可以作为纳税人的，但后来由于两党谈判破裂，该协议最终没有获得通过（Jorrín（2019））。

41　参见 Delvaux（2016）p. 5。

42　德国通过了对纳粹时期集中营工人进行赔偿的议案（Gesetz zur Zahlbarmachung von Renten aus Beschäftigungen in einem Ghetto or ZRBG）；法国和比利时为石棉受害者成立名为“工人赔偿法案基金”的赔偿基金；美国建立车祸事故保障体系；10 月 23 日西班牙第 26/2007 号法律建立关于环境责任的赔偿基金（Ley 26/2007, de 23 de octubre, de Responsabilidad Medioambiental）。

43　丹麦的病人替代方案，以及美国乔治亚州、印第安纳州、堪萨斯州、路易斯安那州、宾夕法尼亚州、内布拉斯加州、新墨西哥州、纽约州、南卡罗来纳州和威斯康辛州的医疗赔偿基金。

44　参见 Delvaux（2016）pp. 11-12。

45　参见内政总署（2016）。

46　参见内政总署（2016）p. 14。

47　参见内政总署（2016）p. 14。

48　参见内政总署（2016）p. 15。

49　参见内政总署（2016）p. 15。

50　参见内政总署（2016）p. 15。

51　参见 Delvaux（2017）p. 18。

52　我们必须反对创建“电子人”。机器人不是人。反对这一观点的人只会出现在科幻小说里。

53　我反对这一观点的原因有二：一是这种做法会让生产商和用户免于责任……二是我认为人类拥有一种精神层面的超存在，这是任何人工智能都无法比拟的。

54　我支持对某些问题的修订，特别是关于为机器人赋予法律地位或发放基本工资。我觉得现在离可预见的现实还很遥远。

55　这除了他的机器人隐私权以外别无其他。因此请各位支持对于第 4 条至第 8 条的修订。

56　同时，影响工作环境的方式是十分狭隘的，特别是增加危险性和贫困性、提高失业率、清除劳动权和社会权、消除资本对新技术的兴趣、加重剥削以获取利益最大化。

57　参见 Delvaux（2017） p. 18。

58　巴塞罗那上诉法院判决第 17 章 24. 10. 2018（ECLI：ES：APB：2018：10484；报告人 Mireia Borguño Ventura）；卡塞雷斯上述法院判决第 1 章 17. 9. 2018（ECLI：ES：APCC：2018：659；报告人 Juan Francisco Bote Saavedra）；萨拉戈萨上诉法院判决第 1 章 6. 10. 2017（ECLI：ES：APZA：2017：387；报告人 Ana Descalzo Pino）；穆尔西亚上诉法院判决第 1 章 27. 2. 2017（ECLI：ES：APMU：2017：563；报告人 María del Pilar Alonso Saura）；瓦伦西亚上诉法院判决第 11 章 30. 9. 2013（ECLI：ES：APV：2013：4348；报告人 José Alfonso Arolas Romero）；希洪上诉法院判决第 7 章 26. 10. 2010（ECLI：ES：APO：2010：239；报告人 Ramon Ibáñez de Aldecoa Lorente）。

59　例如 Nik-Ahd 等人（2019）。本文作者使用彭博社法律数据库来分析有多少案例涉及达芬奇系统的使用。经验数据显示，自 2000 年美国药监局批准手术中使用辅助机器人以来直到 2017 年，共发生 123 起索赔（集体诉讼有 14 起），其中 43 起索赔请求（34. 96%）被驳回。

60　但是如 Wagner（2019）所指出的，这些案例都是关于一些“无关紧要的问题”，比如习得居间人原则、诉讼时效等（p. 604）。

61　关于这一问题的更详细分析，参见 Stapleton（1989）。

62　持类似观点的还有甘特・托伊布纳，他在最近的研究中表示“自主性软件代理正在造成的风险是我们之前未知的，因此可能需要制定新的私法规则来应对这些风险”（Teubner（2018） p. 108）。

63　参见新技术责任专家组（2019） p. 38。

64　参见 Ercilla García（2018） p. 21。

65　虽然没有明确提及应该适用哪个法律制度，作者将使用两个截然不同的法律制度作为例子，一个是判例法（以美国为例），一个是成文法（以西班牙为例）。

66　同第 23 条。

67 Ercilla García（2018，p. 25）和Pagallo认为，根据Gaii Institutionum § 74和Justininan Institutione相关学说，当私产诉讼仅适用于合同责任以及当奴隶和儿子在奴隶主或男性家长的指示下签订合同时，机器人对法律框架造成的特殊问题可以通过私产机制予以解决，即便在侵权责任中也可以，参见Cassarino（2016）pp. 248-249、Stolfi（2001）p. 414等页。

68 参见《法律重述第三版：代理法》第1.01条评论c。另参见B & G Enters公司诉美国（220 F.3d 1318，1323（Fed. Cir. 2000））和Judah诉Reiner（744 A.2d 1037，1040-1041（D.C. 2000））。

69 《法律重述第三版》第1.01条评论d指出，代理可能会出现一种情况，就是“形式上类似于代理但实际上双方”的同意受限于法律或立法及监管机构的限制（美国法律学会（2005）p. 22）；某丢失物品的所有者（被代理人）和找回物品的政府人员（代理），法庭指派律师的情况，成为被代理人的法庭、代理和律师（在最后的例子中，客户的意见是不相关的）。

70 参见Bercovitz Rodríguez-Cano（2001）p. 1940。

71 参见《西班牙民法典》第154.I条：“未获自由的儿童应享有家长抚养权。”

72 参见《西班牙民法典》第222条：“以下个人必须受到监护：一是不享有父母抚养权的未获自由的未成年人；二是判决发生时点上的无法自理人士；三是在父母抚养权终止时在监护仍然适用的情况下享有延长抚养权的个人；四是被疏漏的未成年人。”

73 在这种情况下，《西班牙民法典》明确排除了监护人的代理权限（参见第162.II.2条），解决利益冲突的方式应该是由孩子任命一位辩护人在该冲突中维护其自身权益，无论在法庭上还是法庭外（参见第163.I条）。

74 参见《西班牙民法典》第181.I条：“在任何情况下，个人从其永久居所或最后居住地消失之时起，在没有任何与其相关的进一步消息的情况下，法官可以在利益相关方或公诉人的请求下，为消失之人指派一名辩护人在法庭或在没有严重损害下不认可延期的企业中维护并代表其利益。”

75 参见《法律重述第三版：代理法》§8.09和《西班牙民法典》第1714条。

76 参见Pagallo（2017）p. 20。

77 这些是学界认为的“困难案件”，参见O'Sullivan等人（2019）p. 6。在这些案件中，Ugo Pagallo认为一个可能的解决方案是引入罗马法下的机制，即重新研究私产。关于“数字私产”的观点参见 Pagallo（2013）pp. 132-134。

78　根据 Ercilla García（2018）p. 20、Núñez Zorrilla（2019）p. 63、Leroux（2012）p. 60 等页。

79　参见 Hansmann 等人（2006）p. 3。有些学者认为，所有者保护机制会引发负面后果，因为生产商、编程人员和用户无需为索赔负责，因此在使用机器人时容易不够谨慎（Wagner（2019）p. 609）。这种说法没有考虑到名誉成本，如果一个产品安全性差，那么使用了缺陷产品的用户是会惩罚生产商的（Ganuza 等人（2016）pp. 233-235）。

80　参见 Alfaro Águila-Real（2016）、Chopra 和 White（2011）、Ebers（2019）。这也是为什么新技术责任专家组放弃了为完全自主技术赋予人格的可能性（新技术责任专家组（2019）p. 38）。

81　参见 Holder 等人（2016a）p. 13、Holder 等人（2016b）pp. 6-7、Wagner（2019）pp. 611-612。

82　参见新技术责任专家组（2019）p. 38。

83　参见欧盟委员会（2018）p. 27。

84　参见 Chopra 和 White（2011）。

85　参见 Alfaro Águila-Real（2016）。

86　参见 Wagner（2019）p. 598。

87　参见 Muller（2017）par. 3. 33、O’Sullivan 等人（2019）p. 7。

88　参见 Griffin（2017），其中提到脸书不得不关停两个聊天机器人，因为他们发现聊天机器人发展出了只有机器人自己能懂而人类无法理解的语言。假设自主手术机器人认为某一项手术的最有效方式是穿过一片会给其他器官造成伤害的区域，在这种情况下，如果代码没有考虑到这种特殊情形，那么编程人员是不必负责的，生产商也没有责任，因为这个缺陷并不是机器人本身的缺陷。

89　参见 Rogel Vide（2017，2018）和 Lacruz Mantecón（2019）。

90　参见 Yampolskiy（2018）。例如，在沙特阿拉伯有一款名为索菲亚的社交机器人被赋予了法律人格——是通过赋予其公民身份而实现的（索菲亚自身是没有人格的，公民身份自带人格，而一个非人实体是无法被授予公民身份的）。Yampolskiy 指出，“包括女权主义学者在内的人类女性反对这一做法，因为机器人所被赋予的权利比许多沙特女人享有的权利还要多”（Yampolskiy（2018））。这个问题再次暴露了可问责性和人格之间的扭曲关系。很显然，沙特政府在给索菲亚机器人赋予法律人格的时候，心中所想的并不是责任和可问责性，而是想要获取媒体的关注，而这种炒作显然很成功，基本上全球所有报纸都报道了这个新闻。

91 Calo（2011，2017）、Richards 等人（2016）、Lacruz Mantecón（2019）。

92 欧盟正在召集专家评估第 85/374/EEC 号指令（参见欧盟委员会员工工作文档 SWD（2018）157 终稿），或评估该指令本身是否适用于新技术相关问题（参见欧盟委员会员工工作文档 SWD（2018）137 终稿）。

93 持有相同观点的还有 Bertolini（2016）p. 296。这种观点不会遏制对新兴技术领域的投资。Bertolini（2016）认为，目前并不存在责任缺口，而是多个法律制度之间存在交叉，导致不确定性（p. 299）。

94 或者如 Bertolini（2016）所说，一个“第三方保险”（p. 295）。

95 提出类似观点的还有 Holder 等人（2016b）p. 14。

96 参见 Bertolini（2016）pp. 310-312、Bertolini 等人（2016）pp. 387-388。

97 参见新技术责任专家组（2019）p. 61。

98 参见新技术责任专家组（2019）p. 62。

第六篇　在线行为广告和不正当操纵：《通用数据保护条例》与《不正当商业行为指令》之比较

作者：费德里克·加里[①]

摘　要：在线行为广告，即根据消费者的在线行为有针对性地投放数字广告，正威胁到消费者的自主权。这不仅是因为行为广告本身自带着限制消费者选项的效果，更是因为行为广告越来越多地利用消费者的心理特征和脆弱性来形成定制化广告信息。在这一背景下，本文主要研究在面对数据和技术驱动的形式微妙的新型操纵性广告时，欧盟《通用数据保护条例》（GDPR，EU/2016/697）和《不正当商业行为指令》（UCPD，2005/29/EC）是否能够支持保护个人的自主决策，以及如何保护、保护到何种程度。

1　引言：在线行为广告和不正当操纵

过去几年，大数据和机器学习技术的融合发展深刻改变了在线行为广告（Online behavioral advertising，OBA）的普遍性和有效性。随着消费者数据规模和种类呈指数级增长，以及学习算法的普遍应用，现

① 法制史、法哲学、法社会学及法信息学跨学科研究中心（意大利博洛尼亚），电子邮箱：federico. galli7@ unibo. it。

在营销人员可以清楚知道每个消费者对哪个广告的响应最积极，从而制定极其有效的营销策略。

这种技术进步通常被包装成附加价值呈现在消费者面前。诚然，当今消费者面对的潜在商业交易已经过量，通过突出消费者可能感兴趣的产品和服务，OBA 可以降低搜索和交易成本，增强消费者从选择中获得的满足感[1]。

即便如此，也有人担心消费者权益问题。除了广为人知的“自主性陷阱”[2] 和“过滤气泡”[3] 等问题，许多学者强调了“助推（nudge）”的微妙性和力量，当前在线营销人员广泛使用“助推”技巧来营造消费者决策的信息环境，并引导消费者做出预先设计好的消费选择，比如调整搜索结果的排列顺序、信息推送给消费者的方式，等等[4]。除此之外，其他领域研究也揭露了营销人员和消费者之间愈发严重的新型信息不对称是如何帮助甚至鼓励营销人员利用消费者的心理弱点，根据消费者的心理特征和脆弱性来进行定制化营销[5]。

上述问题都明显指向同一个方向：企业跟踪消费者并形成画像，研究消费者行为，并利用消费者的数字足迹作为实验基础，针对每个消费者定制出最能转化成点击率和消费的营销技巧。随着可穿戴设备的普及、物联网的发展以及情景式详细数据的增长[6]，不少学者发出警告，指出营销人员将越来越能够在任何地点、任何时间触达并诱发消费者个人层面的弱点[7]。

在上述背景下，有人提出了“法律允许的交易性剥削程度”的问题[8]。这个问题很难解决，因为营销人员总能找到方法去影响消费者决策，推动消费者做出购买的决定[9]。因此，对于立法者来说，“告知、助推和彻底的操纵”这三者之间很难界定[10]，既是因为要避免采取过于家长式的方法，也是因为企业总能不断调整出新的营销手段。但是，面对这种数据驱动的、可能具有操纵性的新型有力营销技术，如果立法者想要保护公民不受其伤害，那么就需要解决上述问题。

本文旨在分析如下问题：一是在欧盟现行法律框架下，要满足哪些条件才能进行在线行为广告；二是在“数据驱动的广告”时代，这些条件是否能够避免或遏制消费者面临的操纵风险。

为此，本文将研究欧洲数据和消费者保护法律方面两个最具代表性的监管工具——《通用数据保护条例》（GDPR）和《不正当商业行为指令》（UCPD）。这两个领域都涉及对自然人自主权的保护，前者是数据主体，后者是消费者。数据保护法对个人自主权的保护更多是从道德层面，出于人权保护的原因而开展的；消费者保护法主要是服务市场相关的目标[11]。但是，在当前数字经济环境下，“这两个领域开始相互融合”[12]。消费越来越数字化，而消费者通常也是数据主体，通过支付个人信息的方式来获取免费内容[13]。在定制化广告面前，个人不只是私人信息被处理并用于画像的数据主体，也可能是“被轻轻推动”做出交易决定的潜在消费者。与此同时，出于营销目的在互联网上进行数据处理的行为比比皆是。通过全球网站和用户的广告交易，广告业几乎汇聚了互联网的全部流量[14]。从这一点来看，数据保护政策再也不能忽略的一个最为重要的商业战场就是在线广告市场，在这个市场中，数据就是商品[15]。因此，本文余下小节将使用“消费者数据主体”的概念来指代面对新型广告行为的人。

但是仍要指出的是，数据保护法和消费者保护法有着不同的发展脉络，各自特征上存在差异[16]。一言以蔽之，就是“消费者保护法保护的是契约的公正性，数据保护法保护的是处理的公正性”[17]。

本文结构如下：第 2 节简要介绍 GDPR 中适用于在线行为广告的相关条款，以及能够大体上为面对行为广告操纵的线上消费者提供保护的相关条款；第 3 节将用类似的方式分析 UCPD 相关条款；第 4 节对两个法律框架进行总结，梳理两个框架在解决消费者数据主体操纵问题上的差异；最后文章认为，在数据驱动和技术影响的时代，UCPD 相比之下为消费者保护奠定了更加坚实的基础，为后续研究铺平道路。

2 在线行为广告、不正当操纵和 GDPR

GDPR 没有明确针对在线行为广告的条款，也没有直接解决对数据主体的操纵问题。但是，之所以认为 OBA 与 GDPR 相关是出于以下两个重要原因：

第一，根据消费者行为进行定制化广告是一项复杂的工作，需要多个商业主体对个人数据进行各种处理[18]。每一项数据处理操作必须遵守 GDPR 的原则和规定，同时从 GDPR 的角度来看，行为广告是个人数据处理最频繁服务的对象之一[19]。

第二，OBA 是自动化决策中最为普遍的案例，一般包括画像（“对个人数据任何形式的自动化处理，包括使用个人数据评估与自然人相关的某些个人特征，特别是用于分析或预测该自然人的工作表现、经济状况、健康、个人喜好、兴趣、可靠性、行为、地点和行动的相关信息”）[20]。在这方面，GDPR 第 22 条规定，关于对数据主体有法律或同等严重性影响的决定，其决策禁止以完全自动化处理的结果为依据，这也引发了关于这项禁止条款是否也适用于 OBA 的疑问。

2.1 OBA 作为商业行为需要开展多种数据处理活动：相关法律依据和首要原则

OBA 本身并不是一项数据处理活动，而是一项需要多种数据处理活动的商业行为。根据祖德文·伯格修斯[21] 提出的理论，OBA 包括五个步骤：一是数据收集，收集人们的在线行为信息，一般通过使用 cookies 或其他跟踪技术来实现，比如网络信标、设备指纹、软件安装等；二是数据存储，即将数据与某个唯一识别码进行绑定记录；三是数据分析，通过挖掘技术从消费者数据中提取有用信息；四是数据披露，向数据收集公司以外的其他公司提供数据；五是定制化广告，向用户网页自动投放广告内容。

上述过程涉及多个主体。在广告市场上，营销公司是需求方，网站所有者是供应方。他们通过大量的数字平台进行连接，每个平台在定制化过程中发挥不同的作用。其中，供应方平台（SSPs）代表媒体开展相关工作，向媒体提供广告管理策略；广告交易平台（ADXs）从不同媒体那里汇总广告位，基于实时竞价技术通过拍卖方式将广告位出售给广告主；需求方平台（DSPs）服务于营销公司，负责在多个广告交易平台上进行自动竞价。每个平台都可以在多个网站上设置 cookies 来尽可能多地收集消费者信息，并使用各种数据分析技术来提取有用信息（有时是机器学习等十分先进的技术）。数据收集和数据分析是由数据管理平台（DMPs）或数据交换平台（DXPs）等不同主体来负责的，这些平台直接将分析后的数据以画像或预测分值的形式出售给参与广告投放的平台。本文将所有这些平台统称为“广告平台”[22]。

2.1.1　数据处理的法律依据

广告平台在处理个人数据时一般作为数据控制方，必须遵守 GDPR 相关规定[23]。特别是，任何数据处理活动必须在 GDPR 第 6 条所列出的法律规定中找到相应依据。

对于 OBA 来讲，同意和合法利益这两个依据尤为重要[24]。2010 年，第 29 条工作组（WP29）明确指出，根据第 95/46/EC 号指令，OBA 必须获得数据主体的同意来作为法律依据[25]。但是，GDPR 序言第 47 条明确指出“出于直接营销目的而开展的个人数据处理可以被视为是为了合法利益而进行的活动”，这与 WP29 的说法明显存在矛盾[26]。这种不一致引发了一个疑问：开展 OBA 应该以同意为依据，还是以数据控制方的合法利益为依据？这个问题很重大，因为同意相当于一个“选择加入”机制，而当数据处理是直接服务于营销目的时，合法利益为数据主体保留了反对的权利（GDPR 第 21 条第 2 款）。这个问题还有待进一步讨论，但并不是本文研究的课题[27]。

根据第 6 条，同意不仅是进行个人信息处理的法律依据之一，其对于 OBA 来讲也具有很重要的标志性意义，原因有三：

第一，广告交易平台在设置 cookies 以收集数据主体信息时（无论是个人信息还是非个人信息），必须遵守第 2002/58/EC 号电子隐私指令第 5 条第 3 款中关于通知和同意的要求。该指令由第 2009/136/EC 号指令修订而成[28]，欧盟法院在近期关于 Planet 49 网络游戏公司的审判中对电子隐私指令进行了解释[29]。

第二，同意是 GDPR 第 22 条中禁止条款的豁免依据之一（见第 2.2 节）。

第三，同意对于 GDPR 第 9 条也十分重要。参与广告定制化的商业主体可能会处理特殊类别的数据。在这种情况下，数据处理的法律依据更加有限，其中并不包括数据控制方的合法利益这一依据。当然，很难预知 OBA 使用的个人数据是否构成特殊类别数据，以及是否要根据第 9 条要求进行处理。这取决于具体的数据内容（健康、政治观点等）。诚然，用于行为定制化的数据一般不会暴露消费者的敏感特征，但有时候某些数据原本不是特殊类别数据，数据分析技术将此类数据与其他数据结合后，反而创造出了特殊类别数据。比如，通过将某人的食品购买记录与事物营养能量数据相结合，可以推测出该人的健康状况[30]。正如克利福德指出的，随着机器学习技术的应用，个人数据和个人敏感数据之间的界限逐渐模糊[31]。而且如果考虑到最严苛、最具操纵性的数字广告通常所使用的信息都是与消费者心理特征和情感状态相关的信息，那么克利福德的观点显得更加正确。这类信息既不敏感也不私密，一般是在登录时长、脸书点赞等行为数据和社交媒体数据基础上统计推测而来的[32]。

2.1.2 原则

除了具体条款以外，GDPR 还规定了任何数据处理活动所必须遵守的治理原则，以 OBA 为结果的相关操作也包括在内。至于操纵风险，在评估数据驱动的广告技术是否符合 GDPR 时，合法性和公正性原则可以发挥重要作用。

GDPR 要求个人数据的处理要合法、公正、透明[33]。合法性原则意味着，数据处理必须遵守 GDPR 所有规定以及所有以 GDPR 为依据制定的监管法规。这与提出了合法处理依据的第 6 条直接相关。克利福德和奥思陆斯认为，必须对合法性原则和内在的法定性原则进行区分，后者来自于第 5 条第 1（b）款目的限制原则[34]，要求个人数据收集应用于具体的、明确的合法目的，且不得违背上述目的做进一步处理[35]。也就是说，对于数据处理目的之合法性的评估可以视为对数据处理操作之合法性的评估的上一步。

关于数据驱动的广告行为，在评估其是否存在处理数据的合法依据之前（见第 2.1.1 节），有必要先明白以下问题：第一，在书面声明之外，数据处理的目的是否是为了推翻消费者数据主体的决策（比如蓄意操纵）；第二，数据处理的目的是否涉及违反其他欧盟法律的活动（比如违反第 3 节所讲的 UCPD）。在第二种情况下，所涉及的行为不仅被其他法律所禁止，在 GDPR 框架下也是非法的，是被禁止的。

第 5 条还要求数据控制方处理数据要公正。非常笼统地讲，公正处理个人数据的意思是尊重数据主体的利益与合理期望[36]。具体来说，克利福德和奥思陆斯认为 GDPR 所谓的公正既有直观含义，也有隐含含义。直观的公正是指数据控制方在整个数据处理过程中必须遵守的程序规范；而隐含的公正则要求在数据控制方商业利益和数据主体权利之间取得公正的平衡。GDPR 本身要求在数据处理之前（即合法数据处理的条件）和之后（即数据主体权利）都必须遵守公正原则[37]。在第二种解读下，公正原则可以视为构建了一张隐性的安全网，保护消费者数据主体免受操纵性广告的侵害，即处理个人数据的方式不得对数据主体的基本权利和自由造成不当侵害。因此，关于公正性的讨论可以扩大至不仅考虑数据是如何处理的，还要考虑数据处理对数据主体造成的影响。但是，GDPR 对公正性的描述十分宽泛和模糊，很难把握其准确含义，这仍是一个没有改变的事实。这也是为什么有观点认为，数据保护的公正性原则应该向消费者保护法学习，对公正性原则做出清晰说明[38]。

2.2　OBA 作为“包括画像在内的自动决策”

另一项与 OBA 监管相关的条款是第 22 条，其规定“数据主体有权不受限于仅仅以包括画像在内的完全自动处理结果为依据而做出的决定，这会对数据主体产生法律影响或类似的重大影响”[39]。

正如维尔和爱德华兹所指出的，行为广告是最为普遍的以完全自动化决策为基础的线上体验之一[40]。在实时竞价系统的加持下，OBA 可以在 100 毫秒内完成。任何人类在数据处理环节中的参与，都不可能不降低操作的效率和效果。

但是，目前仍无法确定行为定制化是否需要决策，以及更重要的问题是，行为定制化是否会对消费者数据主体造成法律影响或产生类似的重大影响。

2.2.1　决策

门多萨和拜格雷夫认为，要做出决策，需要对数据主体形成某种态度或观点，且应该以该态度或观点可能被执行的角度而赋予其一定约束效力[41]。广告是指任何“来自于可识别来源的付费的、经过精心设计的沟通形式，旨在说服接收者在当下或未来采取某种行动”[42]。传统形式广告的目的一般是提高品牌知名度和优势，以求实现长远效果（即品牌营销广告），而现如今数字广告的目的是诱导接收者立刻马上点击下单（即直接响应营销）[43]。这样看来，OBA 从定义上应该是一种可能被立刻执行的观点。无论在什么情况下，决策本身在法律层面上是不需要有约束力的，否则很难解释为什么第 22 条规定只有当决策存在法律影响（或类似重大影响）的时候，相关决策才会被禁止。

2.2.2　相似的重大影响

很显然，即便是最巧妙、最具操纵性的广告也是没有法律影响的(广告不是命令，是可以被忽视的，甚至可以使用工具屏蔽)。虽然如此，仍需要研究 OBA 是否会对消费者数据主体产生相似的重大影响，以及什么时候产生此类影响。如果这种情况确有发生，那么 OBA 也是要被禁止的。

根据 WP29 制定的自动化个人决策和画像指南，“重大”的标准必须与产生法律影响之决策的标准相似，且“数据处理的影响必须足够巨大或重要以至于值得关注”[44]。决定影响是否重大的因素有三个：

某项决定必须存在如下可能性：

- 对相关个人的状况、行为或选择产生重大影响；
- 对数据主体产生长期或永久影响；
- 或者在极端情况下导致对个人的排斥或歧视。[45]

第一个因素与本文的研究十分相关。状况、行为和选择是“自由意志家长主义”[46] 或“助推”[47] 相关理论中经常出现的词汇。该理论认为，社会应该利用人类的非理智倾向来营造公民做出选择以驱动自身完成偏好行为的环境，但同时个人在技术层面仍保留抵抗外部干涉的能力。数据驱动广告所引发的数字市场操纵问题也被描述为是“私人部门助推”或“为利润而助推”[48]，即企业利用已知或推测出的消费者心理情况来影响消费者在网络空间的决策[49]。相关学者还强调，在精心设计下助推已经在互联网上无处不在[50]，而且能够根据用户进行适应性调整[51]，因此在数字环境中“选择架构”问题变得更加严峻。综上考虑，可以认为行为广告确实至少有可能对个人状况、行为或选择产生重大影响，且具备值得关注的足够重要性。

有意思的是，WP29 明确提到了 OBA[52]。有关部门认为，OBA 一般不会对个人产生类似的重大影响。此处还举了一个例子，就是基于“位于布鲁塞尔地区年龄在 25 岁至 35 岁之间、可能对时尚和特定服饰产生兴趣的女性”等画像而进行的定制化广告。但是相比于从简单行为数据中所提取信息的准确性和侵犯性[53]，上述例子看起来过于简单了。但是，WP29认为：

某些特定形式的OBA的确可能（对个人产生类似重大影响），这取决于每个案例的特性，包括：

- 画像过程的侵犯性，包括跨网站、跨设备、跨服务跟踪消费者行为；
- 相关个人的期望和诉求；
- 投放广告的方式；
- 或利用与目标数据主体脆弱性相关的信息[54]。

以上述特征为依据，可以区分出“软”OBA和“强”OBA，二者所遵循的制度有所不同。软OBA不受GDPR第22条禁止条款的约束[55]；而强OBA“可能”属于对数据主体存在类似重大影响的自动化决策，这取决于以下因素：数据收集技术的侵犯性、消费者情况的特性、广告行为以及对数据主体个人脆弱性的利用程度。在上述因素存在的情况下，根据GDPR第22条规定，OBA将被禁止[56]。

2.2.3 豁免

根据WP29对GDPR第22条的权威解读，有理由认为，如果有关部门的指示得以不折不扣落实，那么被贴有“数字市场操纵”标签的新型操纵性广告行为在GDPR第22条下将被完全禁止[57]。

如果是这样，那么第22条第2款将十分重要，因为其提出了第1款禁止条款的豁免情况。这意味着，除非适用于第22条第2款所列出的三种豁免情况，否则数据控制方不得进行第22条第1款所禁止的自动化决策行为（包括画像在内）。三种豁免情况包括：一是决策对于合同的履行或签订十分必要；二是决策得到欧盟或成员国法律授权，这些法律要求数据控制方遵守并提出了维护数据主体权利、自由和合法利益的适当措施；三是决策是在数据主体明确同意的基础上进行的。

对于行为画像来讲，上述三种豁免情况很难满足。首先，消费者能够签订合同可能恰恰是得益于广告，如果没有线上广告，消费者可能都无法免费访问网站。这种情况隐含了一种价值交换——用户同意成为广告目标以换取免费内容访问权限。但是如果上述情况成立，那么数据控制方必须证明自动化决策是必要的，特别是要证明不存在其他隐私侵犯性更小的方法。诸如上下文广告等其他线上广告形式可以在不对个人进行跨网站行为追踪的情况下完成。OBA 严格意义上并不是完成合同的必要条件，但需要 OBA 使消费者签订合同的概率最大化，也就是使广告主的利润最大化。第二种豁免情况意味着欧盟或成员国法律允许本地区企业采取最具侵犯性的自动决策形式，并接受本国消费者被操纵的风险，这种情况完全不可能出现。

关于第三种豁免情况，GDPR 要求，要想使同意足够明确，必须体现出此种同意比 GDPR 第 4 条第 11 款中的“正常”同意具备更高保护标准。“明确”的概念是指数据主体以清楚明白的声明形式表达同意。在网络环境中，这种表达可以通过“在网页文字清楚显示内容的情况下，提供列明‘同意’和‘不同意’选项框的清晰页面”[58] 等方式来完成。

如前文所述，对于 OBA 来讲，同意已经构成了合法数据处理的法律依据，但是在现实操作中，这种同意在多大程度上符合“明确同意”的要求，还是存在很大疑问的。可以想象，对于基本上依赖幕后处理的实时竞价来讲，很难保证每个负责创建画像和展示广告的企业去获得明确同意，而这种同意又反过来必须专门与自动化决策相关。因此，开展进一步研究是十分必要的，以了解行为广告行业遵守 GDPR 和第 22 条的程度[59]。

最为首要的工作，就是围绕使得行为广告对数据主体产生类似重大影响的行为（强 OBA）进行更加具体的、技术层面的描述。而要做到这一点，需要采取全面视角，统筹兼顾消费者法领域的相关保护标准。

3 OBA、不公正操纵和 UCPD

与 GDPR 类似，UCPD 也没有提及 OBA[60]。但 UCPD 条款覆盖包括广告和营销在内的经营者和消费者之间的全部商业行为，因此 UCPD 与 OBA 也具有相关性[61]。

更具体地说，因为 UCPD 是欧盟内部解决操纵性商业行为的主要法律工具，因此更值得关注。确实，UCPD 第 5 条禁止“不公正商业行为”，即违反职业尽职要求的行为、对所接触的一般消费者之经济行为造成或有能力造成重大干扰[62]。除此之外，UCPD 关于不公正的“一般性条款”还禁止误导性行为或疏忽[63]以及侵犯性行为（见第 3.1 节）。最后，UCPD 给出了一份不公正行为黑名单，并规定无论何种情况下都禁止开展名单上的行为。因此，就算某个行为不在黑名单上，也不属于误导或侵犯性行为，但如果该行为符合不公正商业行为的一般条款，那么也会被认为是不公正的。制定 UCPD 的逻辑是推动企业开展跨境广告和营销，推动消费者实际开展跨境交易，从而助力境内市场更加完善[64]。因此必须承认，UCPD 不只是要消除对消费者决策的干扰，更重要的是要消除竞争干扰[65]。

为此，UCPD 致力于在以下两方之间取得平衡：一是赋能和鼓励消费者通过信息范式进行自主决策，二是在消费者无法保护自己的情况下向其提供保护（也许是因为消费者处于弱势，或者商业行为存在不公正性）[66]。但要取得平衡是相当困难的。

本节将分析 UCPD 条款在多大程度上可以保护消费者数据主体免于行为广告的伤害。

3.1 OBA 作为“侵犯性商业行为”

UCPD 第 8 条规定，如果某商业行为符合以下条件，则属于侵犯性商业行为："如果在实际情况中，在考虑了所有特征和状况后，使用骚扰、逼迫，包括使用物理强迫或不当影响手段，该行为严重影响或可能严重影响一般消费者关于产品的自由选择或行为，从而导致或可能导致消费者做出了其本来不会做出的交易决定"[67]。如海尔伯格所说，"很容易看出与……'数字市场操纵'问题的相关性"[68]。

假设有这样一个案例：爱丽丝非常喜欢去远东地区旅游，而且注册参加了一项线上冥想课程。上周她在电商平台购买了新枕头和床垫，还浏览了两篇关于具有舒缓作用的印度草药茶的博客文章。爱丽丝经常熬夜上网，凌晨 3 点前从没下过线。周四凌晨 4 点，她无法入睡，索性打开最喜欢的网络游戏。每次她通往下一关的时候，都会收到关于某顺势疗法安眠药品牌打折的广告，该广告宣称可以 4 周内缓解失眠症。爱丽丝感到非常不安且疲劳，睡眠严重不足。她点击广告并购买了两盒安眠药。那么问题来了——这算是一种巧妙的营销策略还是具有侵犯性的商业行为？

如豪威尔斯解释的，侵犯性商业行为是消费者自由选择权受到企业行为侵犯最为严重的典型代表[69]。但是，要想将侵犯性行为与合法游说区分开来是十分困难的，后者是广告的最终目的。UCPD 第 8 条指出，满足下面三个条件即可认为是侵犯性商业行为。

3.1.1　行为必须对受众造成骚扰、逼迫或不当影响

要决定某个商业行为是否采用了骚扰、逼迫或产生不当影响，UCPD 第 9 条指出必须同时考虑行为的时机、地点、性质和持续性等因素，而且"经营者故意夸大消费者某些不幸经历或情况的严重性以至于影响了消费者的判断，从而影响消费者关于产品的决定"。而 OBA 与第 8 条的所有三个要素都相关。

3.1.1.1　骚扰

骚扰被定义为"以追逐、连续质问或纠缠的方式给消费者带来不便或提出要求"[70]。消费者在上网时可能反复多次收到定制化广告，无

论时间和地点（如果消费者有可穿戴设备或物联网设备，那么完全可能随时随地收到广告）[71]。有意思的是，在评估某个行为是否构成骚扰的时候，对隐私的侵犯被认为是最相关的要素之一[72]。以爱丽丝的经历为例，每次都是在凌晨三点左右这个可以预见她在家很累的时候给她投放广告，这种行为可以被视为骚扰。

3.1.1.2　不当影响

不当影响在 UCPD 中被定义为“利用自身相对于消费者的优势地位进行施压，甚至在没有使用或没有威胁使用暴力的情况下就严重限制了消费者做出知情决策的能力”[73]。在商业关系中，数字广告主和线上消费者是不平等的。广告主及其代理拥有关于消费者行为、偏好、需求，甚至害怕的事物、错误认知、情感等的具体信息，可能比消费者自己知道的都多。但是，消费者对于躲在屏幕背后投放定向广告的人却一无所知。这样一种信息力量的不对等导致经营者可以针对每个消费者采取正确的说服策略，如果他们这样做了，那么其利用信息优势地位的行为在某些情况下可能被视为造成“不当影响”[74]。在上文的案例中，安眠药的定向广告显然利用了经营者对爱丽丝进行画像的能力。

3.1.1.3　逼迫

所有不属于骚扰和不当影响的行为都可以放入逼迫这个类别中。导致操纵性广告技术被禁止的原因可能更多是心理层面的逼迫，而非身体层面的逼迫。即便广告主相对于消费者不存在优势力量，上述可能性也仍然存在。在这一标准下，可能需要研究玩弄消费者感情、滥用消费者信任的问题。

3.1.2　行为必须严重损害或可能损害消费者的选择自由

根据第 8 条，骚扰、逼迫和不当影响必须严重损害或可能损害一般消费者的选择自由或行为自由。将“一般消费者”作为衡量标准，这说明不是每个让消费者感到不舒服或有压力的行为都会受到惩罚（见第3.2.1节）。海尔伯格认为，“画像和定向行为是否被视为严重损害或可能损害消费者选择自由或行为自由，取决于以下条件：一是个性化广告的说服能力，二是该行为降低决策流程自主性的程度”[75]。关于第一条，凯普坦等人认为“说服画像”是系统用于完成说服信息定制化从而影响用户的一种方法[76]。同时，布尔等人研究了说服技术在伦理、社会和法律方面的影响，认为可能会利用并加重人类的弱点[77]。关于第二条，目前有个新研究领域正在兴起，探讨行为广告如何影响个人消费者的选择[78]。很显然，消费者可以选择忽视广告并让自己不受经营者影响，但是这种选择具有多大程度的可行性和现实性也应该是评估对消费者选择自由的损害时需要考虑的因素之一。

3.1.3　行为必须造成或可能造成消费者做出其原本不会做出的交易决定

光是损害消费者自由还不够，还必须造成或可能造成消费者做出其原本不会做出的交易决定。对于OBA来讲，广告根据个人情况和偏好进行了定制化。海尔伯格认为，在此种情况下，消费者做出该决定时原本面临困难的可能性也更高[79]。但是，向消费者展示其需要的、展示其认为自己需要的、展示其害怕自己需要的，这三者之间很难区分。大多数操纵性广告技术可能侵犯性过分严重以至于在给消费者画像时专门考虑了消费者的偏见和恐惧。如果精准把握投放时机，那么行为广告是可以改变某些消费者的交易决定的。

3.2　OBA以及理性和脆弱的消费者

上一节显示，数据驱动的广告行为是否属于侵犯性行为取决于被针对的消费者之形象。关于后者，本文有如下思考。

3.2.1　一般消费者标准

UCPD使用“一般消费者”概念作为评估商业行为是否存在不公正性的方法，也就是说评估行为是否公正，是站在该行为所针对消费群体的平均成员的视角上进行的。这就提出了一个问题，对于 OBA 来讲，谁是一般消费者？

海尔伯格认为，数字环境中的一般消费者“必须能够以某种形式认识到技术和组织复杂性的提升，以及数字产品或者数字增强型产品的本质变化，从而有能力应对这种复杂性”[80]。在一个大量企业通过复杂算法使用行为广告来跟踪、画像和针对用户的复杂环境里，一般消费者必须对屏幕后面所发生的事情具有一定程度的认知，知道广告是根据自己的线上行为定制出来的，知道广告根据相关数据做出了可能具有操纵性的推断。实际上，消费者是否具有上述形象必须得到经验证明[81]。UCPD 列举了一个“相对来讲博闻强识、善于观察且小心谨慎”的消费者形象[82]，但毫无疑问，一般消费者很难达到这种水平。确实，即便是在数字消费主义兴起之前，关于一般消费者的定义标准也被批判为不够真实，不能真正反映消费者在市场上的实际行为，无法保护这些更加需要法律保护的消费者[83]。大多数批评来自那些呼吁以更加“了解行为的方式”来解读和应用 UCPD 的人[84]。行为经济学和消费者心理学的相关研究已经证明，消费者的理性、意志力和利己主义是有限的，并分析了消费者会对特定营销技巧和诱因产生何种反应（Kahneman，2011）。如果消费者所面对的定向广告是根据其有限的理性和意志力而定制的，且能够持续诱发该消费者的渴望行为，那么对于这种情况来说，上述观点更显得无比正确[85]。

除了实质性含义之外，一般消费者的标准在用于 OBA 时也显示出结构上的矛盾。正如希伯尼指出的，“一般消费者的标准是……内在的简化功能”“法律……要求法院评估某项行为是否干扰了单一、一般消费者的选择规律”[86]。但是，这显然与企业端正在发生的转型相冲突[87]。OBA 和相关高度个性化技术的本质和初衷恰恰就是为了打破单一消费者的观念，后者是社会消费标准化的产物。

3.2.2 脆弱消费者标准

除了“一般消费者”以外，UCPD 还提出了另外一个标准。根据

第5条第3款，如果某项商业行为可能只是严重干扰某脆弱消费者群体的经济行为，那么一般消费者的概念将被修改以突出脆弱消费者，前提是经营者可以预见到这种脆弱性。这样一来，某些商业行为可能对于一般消费者来讲不存在不公正性，但对于脆弱消费者来讲可能不公正[88]。因此可以使用脆弱性标准来评估OBA，行为广告所针对的消费者是否属于脆弱消费者，以及经营者是否可以预见到消费者的脆弱性。这很大程度上取决于法律可以接受的对于脆弱性的定义。

UCPD仅覆盖三种类型的脆弱性：一是精神或身体虚弱，二是年龄，三是易受骗性。根据瓦丁顿的分类，上述脆弱性被描述为“内生的”脆弱性，是消费者内在的永久或临时原因，或者消费者的身体或精神状况所导致的[89]。这种方法被批判为太过严格，理由有二[90]：第一，脆弱性与处境相关，也就是说与消费者本身所处的状态无关。事实上，有很多消费者外部的“外生”因素也可能导致脆弱性，比如缺乏对语言的理解、缺少教育（通识教育或关于市场某领域的专业教育）或者“使用不熟悉的新技术”[91]；第二，与脆弱性的概念也很相关。关于营销伦理道德的文献认为脆弱性可以被视为“对造成市场互动不平衡的营销行为具有更高敏感性”[92]。特别是，布伦克特指出脆弱性是“消费者特征与营销人员为了让消费者脆弱而使用的技巧之结合”[93]；贝克等人也提出“因为市场互动不平衡和营销信息消费而产生的无力感”[94]。

脆弱性概念也会影响第二个条件，即脆弱性的可预见性。只有当经营者知道或应该知道所针对的群体会被商业行为所影响时，脆弱消费者标准才会适用。在行为广告领域，参与OBA的广告公司应该对数据驱动广告干扰消费者经济行为的能力有更深入的了解，这个要求是合理的，在第5条职业尽职要求下甚至是必须做到的。

综上所述，可以认为UCPD在脆弱性上的视角相对狭隘，关于脆弱性的说明有限。被可能具有操纵性的个性化广告技术所针对的数字消费者是否属于“脆弱消费者”，这很大程度上取决于UCPD是否具有足够灵活性以包含脆弱性的其他维度概念，比如一个更加“情景化”和“具有更高相关性”的解读可以成为探讨数字环境中消费者脆弱性的切入点。

4 结语：GDPR和UCPD在OBA及不公正操纵上的比较

根据前文分析，允许进行OBA的条件包括：

一是在GDPR框架下，当数据主体同意对个人数据进行处理，且处理是出于合法目的时，OBA是合法的。此外，如果OBA对数据主体的权利和自由产生重大影响，则OBA是被禁止的（GDPR第22条第1款）。这个问题可以通过以下层面来评估：数据收集技术的侵犯性、消费者决策环境的特性、广告行为以及对消费者个人脆弱性的利用（强OBA）。但是，即便OBA对数据主体权利和自由产生重大影响，如果数据主体明确给出同意，那么OBA也可以合法进行（GDPR第22条第2款）。最后，OBA必须确保数据处理的公正性，且数据处理方式不得对数据主体的基本权利和自由产生过度侵害。

二是在UCPD框架下，只要OBA不会通过骚扰、逼迫或不当影响的方式损害或可能损害一般消费者的选择自由或行为自由，从而造成或可能造成消费者做出其原本不会做出的交易决定，那么OBA就是合法的（UCPD第8条）。另外，根据关于不公正性的一般条款，如果OBA违反了职业尽职要求，严重干扰或可能严重干扰一般消费者的经济行为，那么OBA是要被禁止的。

乍看起来，两个法律框架最大的区别是视角不同。GDPR审视OBA的视角是从个人数据处理（来源）和自动化决策程度（方法）来进行的。而UCPD聚焦于OBA的外部影响，特别是对消费者决策的影响（效果）。如前文所述，数据驱动的广告技术可能干扰个人决策，这一般指的是算法行为对消费者的外部影响。相比之下，UCPD 是更适合解决“市场操纵”问题的法律框架。为支持这一论点，本文将做进一步阐述。

4.1　消费者数据

消费者相关信息只有在代表个人数据的情况下才会适用于 GDPR，即该信息已经识别或能够识别某个自然人[95]。在 UCPD 框架下，消费者数据各成体系，增加了经营者与消费者之间的力量不对等，且经营者可利用消费者数据来提高自己相对于消费者的优势，从而实现商业利润最大化。因此可以说 UCPD 是“失明”的，不仅看不见个人数据和非个人数据之间的区别，也看不见数据和算法利用数据得出的推测结论之间的区别[96]。如果在 UCPD 规定的条件下经营者使用任何信息对消费者造成不当影响，那么这种行为都是违法的。

4.2　知情同意

信息和同意是当代信息隐私和保护的两大核心要素。在 GDPR 框架下，知情同意是个人数据处理的首要法律依据。对于 OBA，同意一般被认为是数据处理的唯一法律依据，从法律来讲甚至能够使最具侵犯性的自动化决策变得合法。但是，近年来知情同意成为众所周知的辩论焦点，因为其不能保护个人隐私不受复杂的数据处理和现代分析技术的影响[97]。这场辩论与之前消费者律师关于消费者保护信息缺失的大讨论十分相似。的确，在消费者法律中，信息和同意也是经营者与消费者双方的知情权得以平衡的方式[98]。对于知情同意的批评之声受到行为科学的影响尤其严重，后者在过去十年一直强调人类在处理信息方面存在系统性能力缺失。在当前环境下，数据控制方和经营者可以利用复杂的数据处理和分析方式，而个人消费者比以往任何时候都更加缺乏类似的信息处理能力。二者之间的鸿沟不再是也不仅是信息层面的，更是技术层面的。UCPD 虽然也有赖于信息的重要性，但至少向信息和同意之外跨出了一步。UCPD 与《不公正合同条款指令》[99] 一起构成了消费者保护的两大手段，提出了除信息以外的另一实质性保护标准，这促使我们思考公正性原则的问题。

4.3 公正性

除了程序方面的要求以外，GDPR 的公正性原则还要求在数据控制方利益和数据主体基本权利自由之间取得平衡，以达到这种权利成为隐私法核心的程度。但是，这种平衡是否也能考虑“不被操纵的权利”，现在还存疑。目前来看后者还仅仅是消费者的经济利益。这也是为什么 UCPD 所隐含的公正概念更加适合。此外，公正性原则拓展了视角，从商业层面评估数据控制方和数据主体之间的关系。公正性对双方之间谈判地位的不平等起到了抗衡作用，提高了数据控制方在 GDPR 责任以外的问责性[100]。

4.4 个人和集体层面

UCPD 公正性原则之所以有更广泛的视角也是因为 UCPD 没有考虑消费者的个人权利，而是他们的集体经济利益。这来自该法令的间接公共目标，即不公正商业行为伤害消费者经济利益，从而间接伤害了竞争者，最后导致市场割裂。虽然 GDPR 也承认数据保护权的社会属性，但该法令主要还是将数据保护权作为一项个人权利加以维护。但是，使用个人信息和大数据分析技术来辅助决策的行为超出了隐私权的个人层面，而是达到了集体层面，可能对相关群体产生伤害性后果[101]。这一点在 OBA 操纵问题上变得更加突出。当一个消费者被操纵性广告所针对，并在广告促使下进行了其原本不会开展的交易时，该消费者可能都没有意识到自己被操纵了（毕竟操纵消费者的方式都十分巧妙）。即便消费者意识到自己被操纵，也可能不会知道这种操纵是违法的；就算知道是违法的，可能也无法采取任何行动，因为采取行动的成本往往远高于忽视的成本。因此，对于每个个人消费者来讲，操纵性广告造成的经济损失都比较小，但是从社会层面来看，整个欧盟经济体制赖以建立的最基本原则（个人自主、公平竞争）正在逐步被抛弃[102]。

4.5　决策

个人层面与集体层面之间的冲突也与 GDPR 关于自动化决策的定义有关。GDPR 第 22 条的逻辑是保护人类尊严，防止与人类相关的决策所依据的仅仅是其“数字影子”[103]。很显然，GDPR 的禁止条款旨在保护可能被自动化决策所影响的个人之尊严（第 22 条标题就提到“包括画像在内的自动化个人决策”），另外，企业行为背后的“决策”可能影响的不单单是某个人的权利，而是众多主体的利益。这一点在 GDPR 实施机制中也有所体现，传统来讲 GDPR 实施主要是由公共部门和其他代表消费者集体利益的组织来开展。

4.6　结论

基于上述理由，UCPD 具有很好的前景。虽然 UCPD 是针对前数字时代的商业行为而起草的，但该法令所遵循的技术中性原则以及开放式结构可以很好地适应面向未来的新型解读。但有一点必须要指出的是，不仅需要围绕该指令制定更多指引，以应对数字市场的新特征和力量关系（比如不当影响、骚扰、干扰消费者经济行为等概念需要进一步辨析并赋予新定义），也需要对深深根植于 UCPD 的消费者保护政策进行重新思考。特别是在行为经济学和个性化商业行为面前，一般消费者标准的含义正在瓦解，因此需要重新思考一般消费者标准的定义和构建。

1 Noto La Diega（2018）p. 53、Matz 等人（2016）。

2 Schwartz（2000）和 Zarsky（2003）。

3 Pariser（2011）。

4 Weinmann 等人（2016）、Yeung（2017）和 Susser（2019）。

5 Bar-Gill（2013）、Calo（2013）、Clifford（2017）和 Matz 等人（2017）。

6 Helberger（2016）。

7 Calo（2013）。

8 Mik（2016）。

9 Hanson 和 Kysar（1999）。

10 Helberger（2016）。

11 Nissenbaum（2010）p. 81-84。

12 Helberger 等人（2017）。

13 关于消费者和数据主体的综合法律分析，以及相关领域法律的整合研究，参见 Schmechel（2017）和 Micklitz（2018）。

14 近期欧盟在线广告行业情况统计数据以及相关应用，参见 https://ec.europa.eu/eurostat/statistics-explained/index.php/Internet_advertising_of_businesses_-_statistics_on_usage_of_ads#General_overview，访问日期 2019 年 12 月 3 日。

15 Noto La Diega（2018）p. 445-499。

16 Rhoen（2016）。

17 Helberger 等人（2017）p. 1428。

18 虽然没有与个人姓名相关联，但普遍认为 OBA 过程中处理的行为数据一般被视为个人数据，因为通过数据可以确定到某个自然人，参见第 29 条工作组（2010a）p. 9。详细分析可参见 Zuiderveen Borgesius（2016）。

19 Contissa 等人（2018）。

20 GDPR 第 4 条第 4 款。

21 Zuiderveen Borgesius（2015）p. 53。

22 关于 RTB 技术功能以及相关方的详细说明，参见 Wang 等人（2017）。

23 参见第 29 条工作组（2010a）。第 29 条工作组明确了数据保护指令框架下 OBA 各参与方的义务。

24　第 29 条工作组排除了合同作为数据处理的依据，参见第 29 条工作组（2014）p. 17、第 29 条工作组（2013）p. 46、Zuiderveen Borgesius（2015）。

25　第 29 条工作组（2010a）。

26　欧洲直接和互动营销联盟的行为准则指出，线上行为定向广告可以被视为直接营销的一种类型，“网络环境中的直接营销是指以个人为目标的一对一营销活动”。该准则后来被第 29 条工作组采纳（第 29 条工作组（2010b））。

27　无论何种情况下，合法利益都不是广告平台出于直接营销目的而开展个人数据处理活动的通行证，需要对数据控制方利益和数据主体基本权利自由之间的平衡关系进行测试，参见 Zuiderveen Borgesius（2015）p. 168。

28　欧洲议会和欧洲理事会于 2002 年 7 月 12 日出台的关于电子通信领域个人数据处理和隐私保护的第 2002/58/EC 号指令（隐私和电子通信指令），最后一次于 2009 年 11 月 25 日欧洲议会和欧洲理事会第 2009/136/EC 号指令修订（OJ L 337 11）。但是，对设置 cookies 的同意与对处理个人数据的同意，二者在 GDPR 中的含义是不同的，参见 Zuiderveen Borgesius（2015）。

29　法院（大审判庭）判决 2019 年 10 月 1 日（Bundesverband der Verbraucherzentralen und Verbraucherverbä nde—Verbraucherzentrale Bundesverband eV v Planet49 GmbH，C-673/17，EU：C：2019：801）。法院在判决中指出，如果关于信息存储的选项或者网站用户终端所存储信息访问权限的选项是已经勾选上的，而用户要想拒绝同意必须取消勾选才可以，如果是这种情况则不构成同意。

30　参见第 29 条工作组（2017）p. 15。

31　Clifford（2017）p. 25。

32　Burr 和 Cristianini（2019）。

33　GDPR 第 5 条第 1 款 a 项。

34　Clifford 和 Ausloos（2018）p. 162。

35　GDPR 第 5 条第 1 款 a 项。

36　Bygrave（2002）p. 58。

37　Clifford 和 Ausloos（2018）p. 144。

38　Helberger 等人（2017）和 Graef 等人（2018）。

39　GDPR 第 22 条第 1 款。

40　Veale 和 Edwards（2018）p. 401。

41　Mendoza 和 Bygrave（2017）p. 87。

42　Richards 和 Curran（2002）p. 63。

43　McStay（2016）。

44　第 29 条工作组（2017）p. 21。

45　第 29 条工作组（2017）p. 21。

46　Thaler 和 Sunstein（2003）。

47　Thaler 和 Sunstein（2009）。

48　Calo（2013）p. 1001。

49　Weinmann 等人将“数字助推”定义为“在网络决策环境中使用用户界面设计元素来引导人们的选择，或影响用户的输入”（2016）。

50　Susser（2019）。

51　Yeung（2017）。

52　第 29 条工作组（2017）p. 22（“这也指向在线广告的问题，其对自动化工具的依赖越来越严重，而且只涉及自动化个人决策”）。

53　Matz 和 Netzer（2017）。

54　Matz 和 Netzer（2017）。

55　对数据主体没有产生相似重大影响的行为广告也会使用 GDPR 第 4 条第 4 款中所称的“画像”，因此这类行为广告即便不受第 22 条限制，但也要遵守第 13 条和第 14 条，必须按规定向数据主体披露一系列信息。

56　英国数据保护官（ICO（2017））也提出过类似观点：“虽然许多组织可能认为广告一般不会对人产生重大负面影响，但不少研究证明行为定向广告可以产生心理作用，影响个人自我认知。”

57　有人指出，相关指引虽然在措辞上存在一些模糊之处，但相比于法律解释，更像是未经授权的立法文件。参见 Veale 和 Edwards（2018）p. 401。

58　第 29 条工作组（2011）p. 18。

59　无论哪种情况下都必须认识到，即便根据第 22 条第 2 款的豁免条款（尤其是“明确同意”），某些基于自动化决策的数据处理活动是允许的，也必须设置适当保障措施以维护数据主体的权利、自由和合法利益。这一点在第 22 条第 4 款中有明确规定，包括数据主体的具体信息、数据控制方人为干涉的权利、表达观点的权利、评估后获取相关决策的解释之权利、同意决策的权利。但考虑到 OBA 行为特征和操纵性广告的问题，上述权利看起来都没有用处或持续性。

60　OBA 只在 2016 年欧盟委员会发布的 UCPD 指引中被提到过，参见欧盟委员会（2016a）p. 134 和脚注 310。指引在介绍算法时代下个性化技术的典型案例时提到了 OBA 和其他商业行为，比如动态定价、价格歧视、个性化定价等，但没有对这些概念作进一步讨论。

61　UCPD 第 2 条 d 款将“企业对消费者商业行为”定义为“经营者面向消费者开展的，与产品推广、销售或供应直接相关的任何行为、忽视、行为过程或代表、包括广告和营销在内的商业沟通。”参见法律委员会（2004）p. 21 和脚注 24。

62　UCPD 第 5 条第 2 款。

63　UCPD 第 6 条、第 7 条。

64　Stuyck 等人（2006）。

65　Stuyck 等人（2006）解释认为，“采取不公正行为的经营者再也无法将消费者从遵守规则的竞争对手那里赢回来。”

66　Sax 等人（2018）p. 104。

67　UCPD 第 8 条。

68　Helberger（2016）。

69　Howells 等人（2016）pp. 167-194。

70　Carballo-Calero（2016）。

71　Helberger（2016）。

72　例如，私自造访消费者住所且无视消费者要求其离开的诉求（UCPD 第 25 号附录 1），或者通过电话、传真、邮件或其他远程媒体方式持续性开展消费者不想要的推广活动（UCPD 第 26 号附录 1）。

73　UCPD 第 2 条第 j 款。

74　此处的问题是，这种情况是否“造成了比经营者相对于消费者的一般优势还要严重的不平衡”，参见 Howells 等人（2016）p. 188。只有在这种情况下，“优势地位”才会在造成不公正影响方面具有足够相关性。

75　Helberger（2016）。

76　Kaptein 等人（2015）。

77　Burr 等人（2018）。

78　Bright 和 Daugherty（2012）、Souiden 等人（2017）。

79 Helberger（2016）。

80 该观点主要是针对物联网消费者而言，但也可以合理拓展至高度个性化广告所针对的消费者。

81 但是我们必须认识到，UCPD 序言第 18 条强调一般消费者测试并不是统计学测试，以消除使用统计学（经验型）证据作为证明的可能性，参见 Trzaskowski（2011）。

82 UCPD 序言第 18 条。

83 Howells 等人（2018）p. 28。

84 Tor（2013）、Sibony（2014）、Duivenvoorde（2015）。

85 例如 Hacker（2017）p. 271，解释了消费者画像机器学习技术是如何应用理性思考全面评估的（CART 测试），CART 测试旨在评估个人的特定偏见和理性程度。

86 Sibony（2014）p. 77。

87 Trzaskowski（2018）。

88 虽然脆弱消费者标准是在第 5 条关于不公正商业行为的一般性条款中明确提出的，但该标准也同样适用于第 8 条关于侵犯性商业行为的相关条款，参见 Howells 等人（2016）p. 174。

89 Waddington（2013）。

90 Howells 等人（2018）p. 71。

91 内部市场和消费者保护委员会（2012）p. 14。

92 欧盟委员会（2016b）pp. 39-82。

93 Brenkert（1998）。

94 Baker 等人（2005）。

95 GDPR 第 1 条和第 4 条第 1 款。

96 Wachter 和 Mittelstadt（2019）提出，欧洲法院和总法律顾问“一直将数据保护法的应用范围限制在评估被处理数据的合法性上面……（但不）涉及个人数据的决定以及决策过程的准确性，或者使这些过程完全透明化。”

97 Koops（2014）和 Mantelero（2014）。

98 Howells（2005）。

99 欧洲理事会 1993 年 4 月 5 日关于消费者合同中不公正条款的第 93/13/EEC 号指令。

100　Helberger 等人（2017）。

101　Mantelero（2016）。

102　Jabł onowska 等人（2018）。

103　Mendoza 和 Bygrave（2017）。

第七篇　保护深度学习：新版《欧盟商业秘密保护指令》能否成为人工神经网络法律保护的选项之一？

作者：贾斯珀・西姆斯[①]

摘　要：基于人工神经网络的深度学习是目前人工智能领域最具前景的机器学习技术。本文提出四项人工神经网络的法律保护对象：训练数据、拓扑图、训练网络权重、训练方法。典型的知识产权（IP）、著作权和专利权法在某种程度上都无法有效保护上述对象。本文研究了商业秘密保护法是否以及在何种程度上能够成为一项合适的或补充性的法律保护工具。商业秘密保护法具有灵活性等多个优势，但最大的缺点是允许逆向工程，限制了其作为法律保护工具的应用。如果加以调整，商业秘密保护法至少在深度学习领域可以暂时作为专利法的补充，并且部分替代经典的以人类为中心的著作权法。

1　引言

对人工智能（AI）的监管往往伴随着恐惧感，监管的目的是防止岗位流失、反对歧视或解决隐私问题。与此同时，AI 蕴含着巨大潜力，部

① 德国奥斯纳布吕肯大学法学院，电子邮箱：jsiems@ uni-osnabrueck. de。

分经济学家甚至认为其革命性不亚于电的发明[1]。面对 AI 监管相关的复杂挑战，欧盟采取的应对方式是更多聚焦于伦理方面的问题。但是，欧洲任何 AI 产业的发展都主要依赖于私人部门投资，更何况是伦理产业。如果 AI 技术没有得到公正充足的法律保护，那么这些投资的收益就岌岌可危了[2]。由此而来的不确定性势必会遏制投资，阻碍行业整体发展。

信息技术正在高速发展。在 AI 和知识产权法领域，目前主要有两个关键问题：一是对 AI 技术本身的保护，二是对 AI 副产品的知识产权（IP）保护。本文主要研究第一个问题，重点聚焦于目前最具前景的 AI 技术——人工神经网络（ANN）的深度学习。从法律角度来讲，本文将研究商业秘密保护法的有用性和适用性，该法律相当于知识产权法的分支。前期，商业秘密保护法因为在保护可口可乐这一 20 世纪最大公司以及 Alphabet 这一 21 世纪最具价值公司的核心 IP 价值中发挥重要作用而名声大噪，但在深度学习领域，该法律作为保护工具而言仍没有得到足够重视。

本文旨在探讨当前对于商业秘密保护法的忽视是否合理。首先，本文将介绍机器学习中与 IP 相关的技术和经济框架，然后分析经典的 IP、著作权和专利法对四个保护对象所提供的保护。本文的主体部分将研究欧盟新出台的第 2016/943 号《商业秘密保护指令》（TSD）对四个对象的保护，包括分析商业秘密保护的优势和劣势。最后，文章将在总结研究结论的基础上，就未来商业秘密保护法和深度学习领域的监管方式提出展望。

2　技术背景简介

2.1　人工智能、机器学习和深度学习

人工智能（AI）、机器学习和人工神经网络等热词经常同时出现。本文认为，三个词之间存在着等级关系。AI[3] 指的是计算机科学领域中

的多形式数学模型处理方法，根据人类中心学说的观点，这类模型是以智能为前提的人类领域计算机活动。机器学习目前是 AI 的一个重要领域[4]，包括 k 近邻算法、支持向量机和随机森林法等多种方法[5]。人工神经网络（ANN）只是机器学习的其中一种方法，也是深度学习应用的核心技术。

2.2 深度学习和神经网络技术简介

人工智能自 20 世纪 60 年代取得重大突破后就一直走下坡路，直到 2010 年前后在深度学习的加持下重新焕发生机[6]。深度学习以数据表征学习为基础，取代了过去以 if/then 算法为代表的编程方式。机器学习应用的架构和核心要素就是 ANN。ANN 是一个在生物学启发下建立的网络，由若干计算节点（神经元）互联而成，这些节点彼此之间互相响应，对外部刺激也会有响应[7]。神经元通过不同层次组织而成[8]。神经网络包括一个输入层，若干隐藏层，以及一个输出层[9]。每一层神经元的数量可以变化，根据 ANN 所执行的具体任务而调整。神经元之间的每个节点都会被单独赋予权重。此外每个神经元都有一个特定的激活阈值，要想使神经元启动某个步骤或传输信号，必须用高于其激活阈值的权重刺激该神经元才可以[10]。权重代表单个神经元之间的连接强度，而训练数据和学习算法可以对权重值产生影响[11]。设置最优权重值是提高 ANN 准确性的最重要因素，会影响 ANN 预测结果的能力，比如在自动驾驶过程中识别出停止标志[12]。为了实现这个目的，ANN 需要通过训练来实现最优权重值。训练神经网络最常用的方法是监督学习，即给 ANN “喂进” 大量带标签数据，这需要大量充足的训练数据，且必须根据 ANN 处理需要对数据做相应调整。在开始训练神经网络之前，开发者必须先确定所谓的 “拓扑图”，后者构成了神经网络的架构。这一开发步骤包括确定隐藏层数量、每层神经元数量、学习和激活算法等[13]。

神经网络的训练方式就是反复跑数据库，在此过程中不断调整权重值[14]。权重值代表了某层神经元与下一层神经元之间的连接强度[15]，训练的核心结果就是优化后的权重值[16]。虽然获得这些权重值需要大量工作和投入，但加权信息基本上指的就是投入的数据量[17]。加权信息可以剥离出来单独保存[18]，之后可以被无数次拷贝。从技术角度来看，这意味着权重值既可以独立于 ANN 而在外部文件中单独存储，也可以作为代码直接执行[19]。

3　机器学习保护对象和业务模式

训练数据对于深度学习过程至关重要，特别是 ANN 的训练[20]。一般来讲，数据获取是吸收投资最多的领域，而训练数据是影响预测准确性和 ANN 质量的决定性因素之一[21]。另一个核心要素则是 ANN 的拓扑图，其形成过程相对复杂[22]。拓扑图的制定需要对正确的 ANN 架构要素具备深入了解[23]。在决定 ANN 拓扑图过程中，试错原则发挥着重要作用[24]。最终训练完成的网络从本质上讲无异于一组权重信息[25]。虽然得出权重信息的过程很难，但以隐蔽方式拷贝权重信息却十分容易[26]。将权重信息插入适当的拓扑图中，就可以马上得到运转良好的 ANN，即便拓扑图与原始训练拓扑图并不完全对应也没关系[27]。另外，训练方法作为一项受保护对象，反而更难掌握[28]。训练神经网络的方法有很多，尤其是输入类别的选择和权重起到决定性作用[29]，决定了网络处理单个数据点的方式和程度，从而对结果产生巨大影响。

根据上述技术背景介绍，可以看出对于 ANN 来讲有四个主要的保护对象：训练数据集、拓扑图、训练后的 ANN 以及广义上的训练方法[30]。在分析著作权法、专利法和商业秘密保护法对于神经网络保护的适用性时，上述四个保护对象可以作为依据和标准。

在研究每个保护对象时，还需要将深度学习的业务模式考虑在内。

目前，主流业务模式包括两种机器学习的表现形式：一是 ANN 作为通过云提供的服务，二是 ANN 作为多个软件解决方案之一直接部署到数字设备上[31]。而根据 ANN 是本地化解决方案还是提供给终端用户，所部署的解决方案又可以进一步细分。特别是在机械工程领域，为了改善操作流程的有效性和准确率，通常仅本地化使用 AI 和 ANN[32]。

4　著作权保护和 ANN 简要分析

4.1　著作权法的一般概念和要求

著作权法保护的是作品的表达，而不是作品背后的思想，这也被称为“思想表达二分法”[33]。常规软件首先受到著作权的保护。欧洲理事会第 91/250/EEC 号《计算机软件法律保护指令》（计算机软件指令）第 1 条第 1 款规定，计算机软件应作为文学作品而受到保护。要满足该指令下的保护要求，软件需要满足两个条件：一是要符合计算机软件指令第 1 条第 1 款关于“计算机软件”的特征；二是根据第 1 条第 3 款，计算机软件必须是作者智力创作的原创作品。除此之外，还有诸如数据库制造商特殊著作权等附属著作权，这种著作权的认定不看创作元素，只看是否存在大量投资[34]。

4.2　与本文所研究保护对象相关的著作权保护

4.2.1　训练数据集的著作权保护

常规的著作权法并不能保护训练数据集。一般来讲，著作权保护需要以智力创作为前提，而纯粹的训练数据收集和准备工作并不符合这一标准[35]。但是，欧盟第 96/9/EC 号《数据库指令》可以适用对数据库的特殊保护。特殊数据库权有两个核心要素：一是必须存在独立要素，二是所有者必须对数据获取、检查和表示进行了重大投资[36]。欧洲法院认为，只有对获取数据库内容的投资才构成重大投资，而对内容创作的投资并不作数[37]。但是这个观点并不意味着特殊数据库权完全不包括机器生成数据，从多个数据源收集数据并进行核对也在保护范畴内[38]。最后，ANN 处理还需要对数据进行精炼，而这也需要大量投资。

综上所述，特殊数据库保护权应该适用于大多数输入数据集，但这是欧盟著作权法独有的特性。比如美国法律体系虽然考虑过这种形式的产权，但最终还是对其不予认可。特殊数据库保护权在欧盟以外地区的匮乏极大限制了这种保护的有效性[39]，这一问题在大量美国科技公司都在开发 AI 应用的大环境下显得尤为突出。

4.2.2　拓扑图的著作权保护

ANN 拓扑图建模是应用驱动编程的一个例子[40]。ANN 拓扑图在更广泛的软件解决方案中以代码形式体现[41]，有时仅需要几行（Python）代码就可以形成 ANN 拓扑图。

计算机软件指令第 1 条第 1 款故意没有给出“计算机软件”标准的明确定义，目的就是给这个概念留有开放式解读的空间，以促进技术进步。很多法律学者将计算机软件定义为“为产生某个结果而在计算机中直接或间接使用的一组说明或指令”[42]。这里的“说明”和“指令”描述了通过计算机执行命令或解释单个要素的方式[43]。

拓扑图的确满足了这样一种指令功能，是生成训练后 ANN 的基础。开发者通过源代码来确定层数、神经元数量以及训练算法，这个源代码执行允许系统处理数据的指令[44]。数据处理是“学习”的第一步，也是 ANN“应用”的第二步[45]。

4.2.3　训练后 ANN 的著作权保护

进一步研究就会发现，根据著作权法对训练后网络进行保护是十分困难的。在欧洲著作权法中，人类和人类智力创造位于核心地位，这种以人类为中心的方法在软件著作权领域也体现得淋漓尽致。而关于智力创造的要求导致很难使用著作权法来保护训练后网络。

训练后 ANN 包含大量与神经元有关的数据[46]，后者与常规软件的源代码已经没有多少共通之处。几乎每个传统软件的编程方式都十分明确，也就是说解决问题的每个步骤都是确定的，编程人员要将这些步骤转化成源代码，因此编程人员事先要知道某个问题应该怎么用编程语言来描述。计算机通过源代码接收与计算操作内容、时间和方式相关的指令。但是，神经元之间的权重信息不具备指示机器完成某个操作流程的能力[47]。权重信息只是数据结构而已[48]，它们对于计算机的行为很重要，但其本身并不指示计算机做任何事情[49]。因此，根据对"计算机软件"概念的经典理解，权重并不在计算机软件指令第 1 条第 1 款的范围之内。

根据计算机软件指令第 1 条第 3 款，权重必须被视为一种智力创造，这意味着人类必须是作品的创造者[50]。作者可以把机器当做工具来使用，而创作的结果不一定完全能够被作者所预料到[51]。如果完全没有人类贡献和选择参与其中，那么著作权保护是不成立的。部分法律学者认为，这也是权重作为神经网络训练的结果而经常面临的局面[52]。随着 ANN 自主性不断提升，这个问题大概率将会越来越严峻，而对于强化学习、无监督学习等更加新兴且成熟度相对较低的学习技术来讲更是如此，这会导致软件和编程人员的分离越来越严重。随着"软件写软件"发展得更加成熟，以人类为中心的软件著作权法终将过时[53]，目前的生成式对抗网络（GAN）技术就是一个例子。GAN 由两个进行零和博弈的 ANN 组成[54]，其中一个 ANN 负责生成候选结果（即生成器），而另一个 ANN 负责对候选结果进行评估（即判别器）[55]。生成器的目标是根据某个特定分布来生成结果，判别器被训练的目标是将生成器的结果识别出来。生成器要实现的目标是生成判别器识别不出来的结果，最后形成的数据分布应该与数据集或已知原型的实际分布相一致。

最后，对训练后神经网络的著作权保护也存在很大的执法困难[56]。

著作权法一直保护的都是某个思想的特定表达[57]，而不是思想的底层概念[58]。因此，如果某人只是拷贝了某个网络的底层机制，那么对著作权是没有构成侵犯的[59]。而且有些人可以原原本本复制整套权重并修改[60]，而仅作微小的修改并不一定造成神经网络性能的削弱，关键是它们可能也不违反任何著作权[61]。另外，要证明神经网络被拷贝也存在很大难度，ANN 和权重本身并不包含指向创作者的信息[62]。

4.2.4 训练方法的著作权保护

著作权可能不适用于保护训练方法。因为著作权法保护的是思想的表达，而不是思想本身，因此很难证明训练方法是某种思想的表达。

5　专利法：与深度学习相关的核心知识产权？

很多学者认为专利法是数字化时代保护创新的核心要素，而且他们的理由都很充分[63]。专利是经过审查后获得的对某项技术启示的排他性权利。授予专利（专利性）需要满足三个条件：一是必须有可给予专利的主体（技术领域发明）；二是发明中至少有一方面必须是“新颖的”，就是说发明必须包含一个创造性步骤；三是必须可供产业化应用。

5.1　训练数据集的专利保护

训练数据要么是纯粹的数据，要么是其他某种信息，只是数据的集合，并不构成解决某个技术问题的技术启示，因此不适用于专利保护。

5.2　拓扑图的专利保护

一般来讲，拓扑图的创造与应用相关，由人类编程而成。但是技术上已经实现了自动化生成拓扑图[64]，如果人类为某个特定（技术）

应用创作了拓扑图，那么专利保护可能适用。

5.3 训练后神经网络的专利保护

基于计算机模型的训练后神经网络本身不在欧洲专利法的范畴内，权重值作为训练后 ANN 的表示方式本质上是一种抽象的数学表达[65]，因此这种权重值是不能申请专利的。但是《欧洲专利公约》（EPC）第 64 条第 2 款指出，如果欧洲专利的主体是一个过程，那么专利所给予的保护应该拓展至该过程直接生成的产物。权重是训练过程的直接产物，因此属于受保护范畴，任何对权重的修改都会导致保护终止。

训练后 ANN 如果与某个技术领域应用相结合，则可以获得专利保护[66]，在这种情况下，发明成果主要在于通过深度学习应用来解决技术问题等[67]。此外，如果神经网络激发了一项技术流程，那么也可适用于专利保护，比如欧洲专利办公室（EPO）在其指引中提到在心脏监控设备中使用神经网络来识别心率异常[68]，因此大部分神经网络应用都可以享有专利法保护。但是，非技术训练的 ANN 应用是不能被授予专利的，比如根据文本内容对文本进行分类[69]。在大量案件中，专利保护都可以适用于 ANN，前提是 ANN 与技术应用发生了结合。所以，专利法是保护训练后 ANN 的核心 IP 法律。

5.4 训练方法的专利保护

训练 ANN 所使用的数据通常都比较独特，这比较符合专利法提出的“新颖性”标准[70]。当某个训练方法出现在专利权利要求中时，则可以授予专利。另外，数据一般也是技术性的，这意味着认为 ANN 本质上是抽象的数学表达的专利排他性标准不再适用[71]。专利注册中数据的披露程度是个问题。

6　神经网络与商业秘密

6.1　商业秘密保护指令关于保护的一般要求

直到现在，欧洲还没有形成对商业秘密的统一分类方法。在德国，商业秘密被作为刑法条款与竞争法挂钩；瑞典出台了专门的商业秘密法；而在法国和意大利，商业秘密依照 IP 法进行监管。这种割裂的局面正在消失，因为第 2016/943 号《商业秘密保护指令》（TSD）能够将欧盟境内商业秘密保护统筹起来。

TSD 第 2 条规定，商业秘密需要满足三个条件：一是信息必须是保密的；二是信息必须有商业价值；三是有合理步骤确保信息处于保密状态。该指令有着独特的监管体系：围绕商业秘密的非法获取、使用和披露，指令在第 3 条中列出了合法行为，第 4 条列出了违法行为，第 5 条列出了豁免条款。

6.1.1　保密信息

TSD 从最广义的角度保护信息[72]。但是，鉴于该指令以促进创新为监管目标，再结合序言第 14 条有关内容，可以看出个人秘密应该与商业秘密区分开来[73]。根据第 2 条第 1 款 b 项，所谓的信息保密，就是信息不为一般人所知，或者无法很容易地被信息所涉及群体中的个人所获取。因此，TSD 提出了秘密的相对概念，某特定群体获取信息的实际可能性是评估秘密与否的决定性因素[74]。如果信息包含若干组成要素，且其中某些要素是否为公开信息还不甚明显，那么即便每个要素都是公开信息，对要素进行组合后形成的信息对于公众来讲也可能构成秘密。

6.1.2　商业价值

信息必须是商业性的，且有充分的潜在价值。新技术知识就算当下还不清楚是否会被市场化，但也可以有商业价值[75]。

6.1.3 合理步骤

最后，商业秘密持有人必须采取合理步骤来保护秘密，由于目前在这个问题上还没有过判例法，因此不知道这条规定的具体含义[76]。但是这条规定的实质和适用范围可能取决于秘密的总体价值、秘密对公司的价值、公司规模以及保护措施的成本和独特性[77]。比如，合理步骤可以是《通用数据保护条例》（GDPR）第 32 条所列出的适当的技术和组织措施[78]。

形成这一标准的原因有二：一是证明了持有人保护秘密的利益，这样一来持有人可以且应该明确表示其愿意保护秘密信息[79]；第二点更为重要，就是合理保护措施可以对第三方起到警示作用，这样一来第三方就会知道非法获取商业秘密会被追究法律责任[80]。

6.1.4 允许逆向工程

TSD 第 3 条列出了合法行为，也因此对第 4 条中的非法行为构成了限制[81]。如果某人获取秘密的方式属于第 3 条所列出的行为，那么对信息的获取是合法的。根据第 3 条第 1 款 a 项，上述允许性规则最初包括独立发现或创造商业秘密，因此商业秘密保护并不是排他权，而是旨在阻止不正当竞争案件中以不当方式获取信息的行为[82]。TSD 第 3 条第 1 款 b 项明确表示，允许通过逆向工程的方式获取商业秘密。虽然根据第 4 条第 3 款 c 项，可以通过合同约定来禁止逆向工程，但合同排除条款并不适用于第三方。逆向工程是指通过仔细研究现有系统或量产产品的结构、状态和行为规律，从而将其设计元素提取出来的过程。对于 ANN 来讲，允许逆向工程可能带来很大问题。不同于常规软件，一般来讲对神经网络进行逆向工程是相对容易的[83]，特别是当竞争对手可以观察到网络的输入数据和输出数据时，逆向工程就更加容易[84]。这之后竞争对手可以知道底层的拓扑图以及类似的训练权重。对于神经网络来讲，相对较少的查询量（650~4500）就足以完成对模型的逆向工程，且能够完成得较为准确，有时甚至十分完美[85]。

6.2　商业秘密保护引发的更多法律问题

如果神经网络在现代云架构上运转，那么其秘密性则存在问题。因此，信息如果是存储在云上且通过合作项目与合作伙伴分享，那么信息则仍然是秘密的[86]。指令的目的是通过保护商业秘密来促进创新，因此如果扩大知情范围是为了服务商业目的，那么信息的（相对）秘密属性不受影响[87]。指令制定的历史背景也支持上述法律观点。根据《贸易有关的知识产权协议》（TRIPS），商业秘密保护起源于反不正当竞争法，而 TRIPS 对欧盟指令具有很大影响[88]。

总的来讲，如何合法安全地分配商业秘密持有人的身份是个难题[89]。指令第 2 条第 2 款仅给出了一个模糊的法律定义，即“任何控制商业秘密的自然人或法人”[90]。根据这个定义，很难搞清楚商业秘密持有人只能是一个人，还是可以拓展至被授权人、合作项目参与人或者其他在获得同意的情况下知晓信息的人[91]。多方形成的对商业秘密的共同控制（比如大数据）是可以存在的。但是被授权人因为使用了第三方权利，所以不能是商业秘密持有人，因此被授权人在合同限制下是不控制商业秘密的[92]。

6.3　商业秘密保护与人工神经网络

6.3.1　法律保护

输入数据、拓扑图、训练后 ANN 和训练方法等所有保护对象都应该符合商业秘密保护的要求。如果可以保持各个保护对象的秘密性，商业秘密保护法可以为 ANN 提供充足的保护。可以确定的是，ANN 的保护对象都具有“商业价值”，所有对象都需要大量财务投资。合理的商业秘密保护步骤的本质和程度取决于每个 ANN 和公司的情况，但是深度学习领域的保护步骤很可能会被公司定期实施。

6.3.2　商业秘密法保护的局限性

只要商业秘密信息没有显明，那么对该信息的保护就一直存在。

总体来看，新出台 TSD 的主要目标是促进市场准入前的创新发展[93]，因此该指令也允许逆向工程[94]，乍一看这违背了以商业秘密法保护为基础的商业模式。对于 ANN 的某些方面来讲，商业秘密法保护可能是唯一的解决方案，因为在某些情况下，没有其他任何 IP 保护可以适用。在现行法律制度下，某些商业模式（尤其是非技术性商业模式）可能既不适用于著作权法，也不适用于充分的版权保护。这种 IP 保护的真空意味着，公司在此类情况下必须将 IP 需求纳入自身的业务模式中。

商业秘密保护法主要应用在进入市场之前的阶段，其目标是通过保持市场领先而保障市场份额，在这一阶段，公司作为商业秘密持有人拥有控制秘密知情获取渠道的最佳方式。基于云的解决方案最能满足这种情况下的需求，提供 ANN 的公司可以保留对 ANN、拓扑图和权重的控制，此外对基于云的 AI 服务进行逆向工程的难度要远高于嵌入终端设备的服务。再相应地附加上禁止逆向工程的一般条款和条件，以秘密保护权为基础实现 ANN 商业化是极为可能的。但是，这必须有技术保护措施作为配套。如果 ANN 是部署在设备上，则需要依靠合同约束，因为 ANN 控制权会被让渡出去。此外，由于 ANN 有线上版本，对于竞争对手来讲，知道 ANN 权重信息也只能算事倍功半，因为 ANN 会根据新输入数据而持续演进，相应的权重也在不断变化。

以商业秘密法为主的保护所面临的另一个挑战是与 GDPR 相关（透明性）要求的矛盾。GDPR 第 13 条第 2 款 f 项、第 14 条第 2 款 g 项和第 15 条第 1 款 h 项都提出了数据处理的透明性义务[95]。GDPR 对透明性的要求可能与商业秘密保护法的保密特征相冲突。根据上述 GDPR 条款，数据主体依赖于相关逻辑的有用信息，以及数据处理对数据主体的意义和潜在影响。特别是，数据控制方是否有义务披露自动化决策或算法本身的计算公式和参数，这个问题的答案仍然存疑[96]。

披露所使用过的算法和机制的责任也不符合 GDPR。透明性条款的目的也与包含商业秘密披露的法律解释相违背。GDPR 第 13 条至第 15 条提到了“相关逻辑的有用信息”，但并没有规定要对相关逻辑进行披露。因此这是一个关于描述 ANN 底层原则的问题，需要说明 ANN 如何做出预测、使用了哪些标准和前提条件[97]——这才是“有用信息”的真正含义。举个例子，就训练结果得出的权重值所进行的解释说明对于相关个人来讲并没有用，因为就算知道了权重值，他/她也无法得知其个人信息是否被处理过，以及如何被处理的。

6.4　商业秘密作为法律保护工具与经典知识产权之比较

商业秘密保护法首先是对专利法的补充，主要通过以下方式实现：一是商业秘密保护法可填补专利法（和著作权法）不适用领域的空白；二是当商业秘密保护出于战略原因而更受青睐时，商业秘密保护法可作为一种替代方案；三是商业秘密保护法可部分替代著作权法。但是，商业秘密保护法要想成功适用，必须有完备的合同条款作为补充，且 ANN 应用可以享有商业秘密保护。

商业秘密保护法作为一项法律保护工具具有高度灵活性，这种灵活性体现为两种形式：法律上的灵活性和现实上的灵活性。TSD 中很多法律概念都是开放的、模糊的，这使得其被用于保护不同的 ANN 保护对象时能够具有较好的适应性。商业秘密保护法适用于本文中所有提到的保护对象，不必逐一检查某个基于 ANN 的研发是否属于专利法下的技术性研发。当编程进一步转移至初步阶段或全自动化阶段时，对专业技能的保护变得尤为重要。在著作权法中，无需证明人类对编程的贡献。尤其是 TSD 还给相关方留下很多具体问题，比如商业秘密持有人的分配[98]。这种处理方式看似十分合适，因为相关方都是专家，对其法律关系框架下的需求和特殊利益最为了解[99]。关于商业秘密保护法具有灵活性的观点也与专业技能保护意义更加深远且不确定性更小这一事实相呼应，专业技能保护已经涵盖了 ANN 中更微小且重要性稍小的要素，特别是这种保护并不依赖于 ANN 要素的表现方式。这种对宏大目标的支持（促进创新和技术经济进步）与低层次的保护（信息保密以获得先发优势）之间存在矛盾。

相比于专利法和著作权法，商业秘密保护法属于低层次保护。从监管角度来看，这对于 ANN 本身来讲十分合适。通常只有微小的技术进步是可见的，比如对 ANN 某个参数的优化[100]，因此与强势的专利法相比，弱势的商业秘密保护法更适合于深度学习技术循序渐进式的发展。特别是 IT 领域各种错综复杂的专利已经有些难以管理，经常产生抑制创新发展的烦琐流程和争端。

获得专利权通常需要几年时间，但商业秘密保护却是默认发生的。带有专利的应用转瞬之间就会变得非常昂贵，对于中小企业来讲负担尤其严重，而应用商业秘密保护不会产生大额成本，只需要适当的保密措施即可，而且有些措施是在多数公司都已经存在的。违反商业秘密保护法的行为有时比著作权法侵权行为更容易被发现，特别是如果产品创造中使用了商业秘密，那么在任何情况下即便最终产品发生变化，商业秘密也仍然受到保护。

最后，商业秘密保护法的追索权阻止了数据所有权等一套新法律制度的建立。数据所有权的概念包含了某种类型的排他性数据分配[101]。在应对数据经济新现象时，避免创造新法律是比较合理的选择[102]，这对处于发展初期的新兴商业模式来讲尤为重要，否则法律可能不仅没有促进创新，反而抑制了创新[103]。此时商业秘密保护法可以与其他现行法律一道，发挥桥梁作用，在相关部门就数据、信息和 AI 建立起一套完备且可持续的 IP 保护机制之前，商业秘密保护法可以用于填补当前的空白。

7　结语

7.1　法律制度的优化

虽然商业秘密保护仍然只是一项补充性的法律保护工具，但对其法律框架进行明确说明可进一步增强其有效性。参考 GDPR 第 46 条数据保护法，制定标准化合同条款可降低商业秘密保护法的法律不确定性[104]，比如通过建立由合作项目参与方共同维护的商业秘密登记簿，可以解决商业秘密持有人身份的分配问题[105]，登记簿甚至可以考虑使用区块链技术[106]。逆向工程可以通过两种方法来遏制：一是由于神经网络与常规软件存在相似之处，计算机软件领域的逆向工程相关规则也可适用于神经网络，这样一来除了某些特殊目的（互操作性等）以外，只有在商业秘密持有人同意的情况下才可以使用逆向工程；二是将以逆向工程为手段实现的对神经网络的简单模仿视为不正当竞争行为。

7.2　结果

本文认为，商业秘密保护法与专利法结合可作为补充性的法律保护工具，在某种程度上替代著作权法。这种替代并不意味着大范围改变软件行业数字价值保护的相关概念。著作权法下 IP 保护主要针对的是软件源代码的保密，正如商业秘密保护主要针对的是神经网络权重的保护一样。为填补相关空白，需要对 TSD 做进一步优化。完善后的 TSD 可以作为一部过渡性法律，直到监管部门对 AI 产业和数字经济有了更清晰的见解。就现阶段来讲，相比于制定可能不够成熟的新法律（比如引入数据所有权的概念），上述方法看起来更受青睐。

1 Goldfarb 等人（2018）。

2 Wenskay（1990）。

3 欧盟人工智能高级别专家组（AI HLEG（2019））将 AI 定义为：“人工智能是在拥有一定自主性程度的基础上，通过分析环境并采取行动，从而展现出智能行为以达成某种目标的系统。基于人工智能的系统可以纯粹以软件为基础在虚拟世界中运行（比如语音助手、图像分析软件、搜索引擎、语音和人脸识别系统），人工智能也可以嵌入硬件设备（比如先进机器人、自动驾驶汽车、无人机或物联网应用）。”

4 Ng 和 Soo（2017）。

5 Ng 和 Soo（2017）。

6 《经济学人》（2016）。

7 Watkin 和 Rau（1996）。

8 Rathi（2018）。

9 Watkin 和 Rau（1996）。

10 Linardatos（2019）。

11 Linardatos（2019）。

12 Goldfarb 等人（2018）。

13 Prinz 和 Hartmann（2018）。

14 Fink（2017）。

15 Ebers（2017）。

16 Ehinger 和 Stiemerling（2018）。

17 Ehinger 和 Stiemerling（2018）。

18 Drexl 等人（2019）。

18 Ehinger 和 Stiemerling（2018）。

20 Drexl 等人（2019）。

21 Drexl 等人（2019）。

22 Ehinger 和 Stiemerling（2018）。

23 Drexl 等人（2019）。

24 Drexl 等人（2019）。

25 Prinz 和 Hartmann（2018）。

26　Drexl 等人（2019）。

27　Prinz 和 Hartmann（2018）。

28　Lederer（2019）。

29　Rathi（2018）。

30　参见 Rathi（2018）。

31　Prinz 和 Hartmann（2018）。

32　Goldfarb 等人（2018）。

33　Watkin 和 Rau（1996）。

34　Leistner（2017）。

35　Rathi（2018）。

36　欧洲法院第 C-203/02 号“BHB 诉 Hill 案”（2004，ECT I-10497，paras 31-42）；第 C-444/02 号 Fixtures Marketing b Oy Veikkaus AB [2004] ECR I-10365，paras 34-49）。

37　Leistner（2017）。

38　Leistner（2017）。

39　Leistner（2017）。

40　Prinz 和 Hartmann（2018）。

41　Prinz 和 Hartmann（2018）。

42　Rathi（2018）。

43　Rathi（2018）。

44　Ehinger 和 Stiemerling（2018）。

45　Ehinger 和 Stiemerling（2018）。

46　Ehinger 和 Stiemerling（2018）。

47　Prinz 和 Hartmann（2018）。

48　Ehinger 和 Stiemerling（2018）。

49　Ehinger 和 Stiemerling（2018）。

50　Ehinger 和 Stiemerling（2018）。

51　Ehinger 和 Stiemerling（2018）。

52　Ehinger 和 Stiemerling（2018）。

53　de Wachter（2010）。

54 Rohner（2019）。

55 Rohner（2019）。

56 Rathi（2018）。

57 Wenskay（1990）。

58 Wenskay（1990）。

59 Rathi（2018）。

60 Rathi（2018）。

61 Wenskay（1990）。

62 Rathi（2018）。

63 McGuire 和 Nikolidaki（2016）。

64 Sun 等人（2018）。

65 欧洲专利办公室（2018）。

66 欧洲专利办公室（2018）。

67 Lederer（2019）。

68 欧洲专利办公室（2018）。

69 欧洲专利办公室于 2018 年发布了关于 AI 和机器学习专利性的最新指引《第 G 3.1.1 部分检查指引》。欧洲专利办公室认为，AI 和机器学习方法“仅仅指的是抽象模型或算法，因此其本身并不一定隐含技术手段的应用。这一点在分析专利申请主体是否整体上具有技术特性时需要予以考虑”。但是，如果机器学习方法服务于某种技术目的，欧洲专利办公室则认为专利保护是可以适用的。

70 Lederer（2019）。

71 Thiel（2019）、Ohly（2019）、Lederer（2019）。

72 Ohly（2019）。

73 Ohly（2019）。

74 Ohly（2019）。

75 Ohly（2019）。

76 Thiel（2019）。

77 Scheja（2018）。

78 Scheja（2018）。

79 McGuire（2019）。

80　McGuire（2019）。

81　Ohly（2019）。

82　Ohly（2019）。

83　Goldfarb 等人（2018）。

84　Goldfarb 等人（2018）。

85　Tramèr 等人（2016）。

86　Sagstetter（2019b）。

87　Sagstetter（2019b）。

88　Surblyte（2017）。

89　Surblyte（2017）。

90　Sagstetter（2019a）。

91　Alpin（2017）。

92　McGuire（2019）。

93　McGuire（2019）。

94　McGuire（2019）。

95　Häuser（2018）。

96　比如打分算法，参见 Rühlicke（2019）。

97　Häuser（2018）。

98　Sagstetter（2019a）。

99　Sagstetter（2019a）。

100　Goldfarb 等人（2018）。

101　Fezer（2017）。

102　von Lewinski（2018）。

103　von Lewinski（2018）。

104　Sagstetter（2019a）。

105　Sagstetter（2019a）。

106　Sagstetter（2019a）。

第八篇　人工智能时代下的中国著作权法与计算机生成作品

作者：Ying Ye 迈克·阿德库克[1]

摘　要：创新产业已经广泛使用人工智能技术，生成的大量产出物与人类作品难辨彼此。这些产出物引发了关于计算机生成作品（CG-Ws）在著作权法中法律地位的讨论，这些问题与著作权法的某些关键问题直接相关，包括可著作权性和署名权。本文在研究中国著作权体系的基础上，提出了计算机生成作品原创性的判定标准是否应该考虑作者个性和独创性的问题。本文认为，中国著作权法中的某些现行规则，比如"职务作品"和"法人或非法人单位作品"，允许将署名权和所有权进行区分。在"作者即著作权所有人"这一基本原则下，上述规则体现了对投资者的重视，为将来使用现行著作权法来保护计算机生成作品提供了潜在解决方案。

1　引言

本节主要分析了当今社会人工智能（AI）技术已经被广泛应用于生产创造性作品。对于 AI 生成作品和使用计算机辅助创作的作品来

① 英国杜伦大学法学院，电子邮箱：ying. ye@ durham. ac. uk，mike. adcock@ durham. ac. uk。

讲，人类的参与程度是不同的，导致了上述作品在法律定义上的差异性，这又反过来引发了关于著作权的新问题。

AI 已经广泛应用于社会多个领域，产生了各种各样的社会产物。互联网上，AI 帮助商家选择能够迎合消费者喜好和需求的内容、投放定向广告、预测用户行为以实现更多交易。AI 还参与到创作和创造性作品当中，在先进技术的加持下，计算机可以学习创作新“内容”，特别是以传统的艺术和文学形式进行创作。其中最为广为人知的案例就是某荷兰团队发起的名为“下一个伦勃朗”的项目。该项目的目标是在 21 世纪使用 AI 技术创作一幅新的“伦勃朗作品”，在面部识别系统的帮助下，最终生成了一幅伦勃朗风格的新作品，而这在之前是根本不可能完成的任务。除了艺术创作，媒体公司也使用 AI 来生产新闻[1]，音乐厂牌使用 AI 提供快速简洁的音乐生产服务。在中国，AI 技术也被应用于多个领域，比如微软小冰，这是一款可以根据用户指定图像自动生成现代中文诗歌的线上活跃“诗歌写作者”；再比如阿里巴巴的 AI 设计软件鲁班，可以向用户提供多种海报设计服务。上述案例说明 AI 技术已经广泛应用在与人类创作相关的商业领域，而且创意领域有越来越多企业正在尝试使用这一新技术在新商业领域生成新内容。

这一趋势引发了关于 AI 技术生成作品以及在 AI 技术辅助下生成作品的著作权问题。与计算机辅助下产生的作品不同，由计算机生成的作品可能对传统的著作权法律体系构成挑战。过去，计算机通常被认为是一种工具，扮演人类作者的“助手”角色[2]。这些由人类作者在计算机辅助下创作的作品被称为计算机辅助作品（CAWs）。但是 AI 生成的作品，比如小冰或鲁班产生的作品，属于一个新类别，即计算机生成作品（CGWs），是由计算机在没有人类作者独创性参与的情况下自主生成的作品。在 CGWs 的创作过程中，计算机使用了机器学习和深度学习等“学习能力”，此外计算机还可以从大量数据中提取信息，并应用到内容的生成中[3]。这样下去的结果就是，人类对创意过程的智力介入越来越少，后者对 AI 的依赖程度越来越高。内容生产过程的自动化程度是 CAWs 与 CGWs 之间的关键区别，这引发了著作权方面的基本问题，即可著作权性和署名权。只有少数国家对上述问题制定了直接监管规则，比如英国著作权法在《著作权、外观设计和专利权法》（1988 年 CDPA 法案）中提出了 CGWs 的法律定义，即“在与作品相关时，‘计算机生成’是指该作品在没有人类作者的情况下由计算机生成”[4]，该法案还提出了 CGWs 署名权定义的监管规则，同时排除了这些作品的精神权利[5]。但是此类作品的著作权在大多数国家和地区的法律中还没有被承认[6]，这导致很多司法管辖区中 CGWs 在著作权层面无法成为常规类型的作品[7]，意味着在很多国家对 CGWs 的著作权保护存在不确定性。

中国也面临同样的问题。中国社会之所以开始关注 CGWs 著作权的问题是因为市场上涌现出越来越多 CGWs，很多作品与人类作品难分彼此[8]。这一现象促使社会开始讨论 CGWs 的法律地位问题。但是中国著作权法中没有关于 CGWs 治理的直接法律条款，这使得越来越多的讨论聚焦于以下问题：著作权法能否以及是否应该保护 CGWs？CGWs 是原创作品吗？CGWs 的作者是谁？随着 AI 应用日趋广泛、AI 生成作品逐渐增多，上述问题需要从著作权法层面予以解答。

综上所述，伴随着技术对内容生产效率和效果的提升，AI 技术正在越来越多地被应用于创意领域。在这一背景下，有些以前需要人类智力介入的创作现在都由 CGWs 来完成。因此，CGWs 的可著作权性成为主要问题，关于 CGWs 和 AI 技术著作权的诸多问题都需要予以探讨和解决。

为此，本文将首先对 AI 技术发展及相关著作权问题进行简要介绍，然后对中国学者和法官就 AI 生成作品著作权保护的各种观点进行梳理，之后分别讨论可著作权性和署名权的问题，最后进行总结。

2 在中国关于 CGWs 著作权保护的不同观点

目前在中国，学者和法官关于 CGWs 能否以及是否应该享有著作权保护的问题还存在争议。主流观点之一是支持 CGWs 著作权保护。Xiong（2017）和 Yi（2017）认为，CGWs 具有著作权层面上的原创性需要满足两个条件：一是最低程度的独创性，二是生成过程的本质。Xiong 认为，既然人类作品和 CGWs 难分彼此，这就说明 CGWs 能够达到最低程度的独创性。从行业发展视角来看，Cao（2016）认为，如果 CGWs 不被视为作品，那么大量 CGWs 将进入公共领域，影响到投资行为，这不利于整个行业发展。

但是，也有很多学者反对上述观点。Wang（2017）指出，由于 CGWs 和人类作者的作品很难区分，因此可著作权性的问题应该主要关注作品产生的过程，作品是计算机算法应用的产出物，不能体现创作者的精神和个性，因此 CGWs 不应受到著作权法保护。北京互联网法院在 2019 年“北京菲林律师事务所诉北京百度网讯科技有限公司侵犯著作权案”中也持相似观点[9]。在中国首例 AI 生成作品著作权保护案件中，该法院认为律师事务所所称涉案图表并不构成著作权法意义上的图形作品，因为图表展示出的差异“来自于数据的差异，而非创作的差异”[10]。法院指出，即便是不同用户选择同样的数据，通过使用同样的软件也会得出相同结果，因此涉案图表缺乏原创性，不应受到著作权保护。至于计算机自动生成的文本，法院认为“自然人的创作和完成应该仍是《著作权法》下定义‘作品’的必要条件”[11]。因此，虽然计算机生成内容体现了一定程度的原创性，但因为在创作过程中缺少人类作者，所以仍算不上是“作品”。但是，法院认可文本是律师事务所创作的法人作品，肯定律师事务所作为提起诉讼的主体。目前中国法律从业者也在讨论 CGWs 能否享有著作权保护，如果是，那么应采取何种保护模式。Xiong（2017）支持使用传统的著作权保护体系，而其他观点则认为 CGWs 可视为一种衍生作品[12]，意味着对于计算机产出物应该有邻接权而不是著作权[13]。

综上所述，学界和法院在 CGWs 的法律地位和保护模式上存在分歧，辩论的核心可以总结为两个问题：一是可著作权性，具体说就是“作品”在著作权法中的认定以及原创性原则；二是人类署名权与 CGWs 之间的关系。下文将围绕以上两个问题展开分析。

3　中国著作权法下 CGWs 的可著作权性

本节将分析 CGWs 在中国著作权法下的可著作权性。为此，本文将首先介绍中国著作权法中“作品”的概念，然后对原创性进行分析，这是著作权法中用于“作品”认定的重要概念。

在“作品”一词的定义上，中国著作权法并不强调人类在作品创作过程中的参与。根据《中华人民共和国著作权法》第三条，只有文学、艺术和科学领域内的作品，以及第三条所列出的作品才受到著作权法保护。第三条规定①②：

---

① 译者注：本文作者引用的是 1990 年颁布的《中华人民共和国著作权法》。2020 年 11 月 11 日第十三届全国人民代表大会常务委员会第二十三次会议《关于修改〈中华人民共和国著作权法〉的决定》对该法进行第三次修正，2021 年 6 月起施行。在现行著作权法中，第三条规定：“本法所称的作品，是指文学、艺术和科学领域内具有独创性并能以一定形式表现的智力成果，包括：（一）文字作品；（二）口述作品；（三）音乐、戏剧、曲艺、舞蹈、杂技艺术作品；（四）美术、建筑作品；（五）摄影作品；（六）视听作品；（七）工程设计图、产品设计图、地图、示意图等图形作品和模型作品；（八）计算机软件；（九）符合作品特征的其他智力成果。”

② 译者注：作者在本文中引用的著作权法相关规定均引自《中华人民共和国著作权法》（1990 年）。《中华人民共和国著作权法》于 1990 年 9 月 7 日第七届全国人民代表大会常务委员会第十五次会议通过，根据 2001 年 10 月 27 日第九届全国人民代表大会常务委员会第二十四次会议《关于修改〈中华人民共和国著作权法〉的决定》第一次修正，根据 2010 年 2 月 26 日第十一届全国人民代表大会常务委员会第十三次会议《关于修改〈中华人民共和国著作权法〉的决定》第二次修正，根据 2020 年 11 月 11 日第十三届全国人民代表大会常务委员会第二十三次会议《关于修改〈中华人民共和国著作权法〉的决定》第三次修正。

本法所称的作品，包括以下列形式创作的文学、艺术、自然科学、社会科学、工程技术等作品：（一）文字作品；（二）口述作品；（三）音乐、戏剧、曲艺、舞蹈作品；（四）美术、摄影作品；（五）电影、电视、录像作品；（六）工程设计、产品设计图纸及其说明；（七）地图、示意图等图形作品；（八）计算机软件；（九）法律、行政法规规定的其他作品[14]。

根据《中华人民共和国著作权法实施条例》，“作品”定义为：

著作权法所称作品，是指文学、艺术和科学领域内具有独创性并能以某种有形形式复制的智力成果[15]。

目前正在修订中的著作权法第五条第一款[16]对作品给出了新定义：

本法所称的作品，是指文学、艺术和科学领域内具有独创性并能以某种形式固定的智力表达[17]。

上述法律规定表明，作品应当属于某特定领域，是具有独创性的智力成果（原创性），并且能够以有形形式复制。与实施条例中“作品”定义相比，修订草案送审稿做出了两处调整：一是将“智力成果”改为“智力表达”；二是将“复制”改为“固定”。鉴于第二项修改对于 CGWs 著作权保护的影响较小，因此本文将主要讨论第一项修改。

在研究中国著作权法关于“作品”的定义时，首先要考虑的问题是 CGWs 是否属于著作权法保护的领域之内，也就是说表达方式应当符合著作权法保护的范围和类型。在实际操作中，很多 CGWs 与人类作者作品有着相同的表达方式，比如微软小冰的诗歌被出版为诗集《阳光失了玻璃窗》；“下一个伦勃朗”团队使用 3D 打印技术使得计算机生成的新作品得以在画布上呈现。上述作品都属于文学、美术和科学领域，也能以有形形式复制。因此，原创性成为 CGWs 认定中最具争议的问题。

在中国，关于 CGWs 的原创性主要有两种主流观点。第一种观点是根据现行原创性标准，计算机生成内容可以被认定为“作品”[18]。这种支持性观点强调的是现有 CGWs 很难与人类作者的作品区分开来[19]，同时也认为当前基于 AI 技术的 CGWs 与以前的计算机生成内容不同[20]，可以偏离预先设定的算法来解决新问题、生成新内容[21]。但是这种观点在 CGWs 原创性的问题上没有做更多具体解释，例如没能回答以下问题：作品生成中哪些部分可以视为原创？计算机生成内容是否有独创性？上述观点回避了直接回答 CGWs 原创性标准的问题。其他学者围绕 CGWs 原创性提出了一些观点，认为 AI 技术在创意领域应用的本质是计算而不是创作[22]。从生成内容所用的算法来看，在原料相同的情况下，计算机的产出物可能高度相似[23]，生成内容的整个过程缺乏作品创作所需要的“智力”[24]。因此，CGWs 的原创性难以成立。这种观点将原创性与“人类和智力”联系了起来，但是生成过程中没有人类作者或人类实际智力贡献并不能构成否认 CGWs 原创性的强有力原因。这一观点的重点在于 AI 技术没有与人类完全剥离开来，AI 由人类编程而成，其应用过程也包含某些“人类元素”。由此看来，上述两个观点需要进一步分析研究。

从前文所讨论的内容来看，认定 CGWs 原创性的核心在于人类独创性参与的程度。著作权法没有对原创性提出具体定义，但是根据法律实操和相关理论，原创性的判定标准包括以下内容。第一，智力活动的产出物是著作权法保护的对象，前提是所产生的作品具有一定程度的独创性。反观现行法律，著作权法实施条例第二条规定，“作品”指的是某特定领域的原创性智力创作[25]。至于“创作”的概念，条例第三条规定，“著作权法所称创作，是指直接产生文学、艺术和科学作品的智力活动”[26]。第二，作品应当是独立创作而成，不得通过复制或抄袭得来[27]。第三，“作品”应该满足“最低程度的原创性”[28]。关于 CGWs 原创性的认定，核心仍然是人类参与程度。人类参与水平似乎是决定某作品是否原创的关键因素，因此需要对 CGWs 创作过程中的人类参与程度做进一步讨论。

CGWs 内容生成过程不同于人类作者的作品创作。作为算法产出物的 CGWs 缺乏某种意义上的自我表达和沟通，这是与人类创作的根本区别。在 AI 技术的作用下，计算机可以根据大数据分析而得出相关规则，从而选择生成结果的更优解决方案。这种“能力”使得人工智能可以在没有人类参与的情况下选择性地捕捉相关素材并进行表达，生成的内容不可预测。虽然计算机这种“学习”能力可以在某种程度上模仿人类行为，但也存在局限性，与人类审美、本能、想象力等其他重要能力相比还是存在很大差异[29]。Wei Lili 等学者认为，AI 深度神经网络算法被用来以现有数据信息为基础分析得出规则，根据用户要求完善和构建模型，这意味着深度学习能力的运行机制仍然与人类参与相关[30]。但是，素材来源具有“人类元素”和生成过程有人类贡献是两个不同层面的问题，而且 CGWs 很难偏离算法设定的路径，因此计算机生成和人类创作之间有着根本区别。考虑到关于 CGWs 是否含有人类个性、情感和思想的争论，CGWs 的“作品”认定问题变得更加复杂。事实上，关于 CGWs 中人类参与水平的讨论，其根本问题在于如何看待作者个性和独创性在原创性认定中的作用。这个问题需要更多研究。

总而言之，在中国著作权法下，独创性产物只有在属于某特定领域、具有原创性且能够以有形形式复制时，才可被认为是“作品”。对于 CGWs 来讲，很多都属于文学、艺术或科学领域，且能够以有形形式复制，很容易满足上述三个条件中的两个。因此 CGWs 的原创性成为其是否具有可著作权性的关键点。由于计算机生成过程与人类创作过程存在差异，因此作者个性和独创性是否对 CGWs 原创性判定具有重大影响，这一问题还需要进一步研究讨论。

4　中国著作权法下的署名权和 CGWs

鉴于原创性判定标准的研究离不开 CGWs 中的人类贡献度，那么引发的下一个问题就是——“谁是 CGWs 的作者？”作者身份的认定取决于创作者的贡献程度。回看中国著作权法关于“作者”的定义，其规定“创作作品的公民是作者”[31]。著作权法实施条例第三条提出了“创作”的定义，并规定“为他人创作进行组织工作，提供咨询意见、物质条件，或者进行其他辅助工作，均不视为创作”[32]。即便如此，如何衡量计算机生成过程中的人类贡献是个难题。如前文所述，计算机生成过程区别于人类创作，虽然计算机在 CGWs 内容生成中发挥主要作用，但不能简单认为计算机就是作者。事实上，历史概念认为作者通常是“直接受大自然启发的有创造力的孤身艺术家”[33]，这暗含着作者是人类这样一个假设。如果计算机是 CGWs 生成内容的主要贡献者，而且它们不是人类，那么 CGWs 作者身份该如何认定？

在探讨如何认定作者之前，需要先回答一个问题，就是为什么需要认定作者？这是因为认定作者身份的最大作用是认定著作权的所有权，而署名权是著作权所有权的一个指标。《中华人民共和国著作权法》（以下简称《著作权法》）第十一条第一款规定，“著作权属于作者，本法另有规定的除外”[34]。“著作权属于作者”是中国著作权法关于所有权的一般性原则，但是也有例外。随着创意产业发展和著作权交易商业化，投资者的角色日趋重要。为了保护投资以及相关政策在某些领域的施行，中国《著作权法》就所有权做了特殊规定。在“著作权属于作者”的一般性原则基础上，还提出了一些特殊规则，比如“职务作品”和“法人或非法人单位作品”[35]。一般来讲，“职务作品”的著作权属于作品的作者，《著作权法》第十六条规定，“……职务作品，除本条第二款的规定以外，著作权由作者享有”[36]。但是在某些情况下，法人或非法人单位应当享有著作权，但不包括署名权。《著作权法》第十六条指出，对于主要利用法人或非法人单位的物质技术资源创作的特定类型的职务作品，或者在法律、行政法规规定或者合同约定情况下，著作权可以由法人或者非法人单位享有[37]。至于“法人或非法人单位作品”，《著作权法》规定“由法人或者非法人单位主持，代表法人或者非法人单位意志创作，并由法人或者非法人单位承担责任的作品，法人或者非法人单位视为作者”[38]。两部法律规则都对实际作者与著作权所有人进行了区分，也对创作行为和著作权进行了区分。

在这些特定情况下，企业等非人类实体可以被视为作者。这样一来，署名权可以与人类剥离开来，而且现行法规已经逐渐开始对投资者利益保护予以更多重视。在承认 CGWs 具有可著作权性的前提下，这些适用于特殊情况的规则为 CGWs 相关权利的分配提供了潜在解决方案。这也说明，中国《著作权法》存在将 CGWs 纳入现行法律体系的空间。虽然 CGWs 著作权的分配并不是当前亟需解决的首要问题，但现行法律体系仍然可以提供应对 AI 生成作品等新形势的潜在方案。

综上所述，署名权在著作权分配中发挥着重要作用。一般来讲，作者是作品著作权的主要所有者。但是在某些情况下，署名权和所有权是分离的，从而使得在现行著作权法律体系下解读 CGWs 并提供著作权保护成为可能。

5　结语

在中国，AI 技术被创意产业广泛应用，以服务商业目的。这引发了学界和法律界关于 AI 生成作品著作权的相关讨论。由于 AI 生成作品是在没有人类参与情况下形成的 CGWs，其生成过程不同于传统创作过程，也不同于 CAWs 的创作过程（机器只是辅助人类创作者的工具）。这意味着 AI 生成作品对《著作权法》提出了挑战。但是，中国《著作权法》虽然尚未提出覆盖这种新型作品的具体法规，但可能蕴含着潜在解决方案。根据前文分析，关于 CGWs 原创性认定标准中是否应该纳入作者个性和创造力的问题仍存在争议，需要进一步研究讨论。但是，中国《著作权法》中的某些规定，比如“职务作品”和“法人或非法人单位作品”，为将 CGWs 纳入现行法律体系提供了潜在解决路径。

1 诸如美联社、福布斯、纽约时报、洛杉矶时报、腾讯等公司。

2 例如，在文字处理软件中，作者身份认定十分清晰，署名权属于实际组织内容、提供表达的自然人，而不是计算机。

3 “下一个伦勃朗”项目是“学习能力”应用的典型体现。项目专家将与伦勃朗作品相关的海量数据提供给计算机，后者运用人工智能生成伦勃朗风格（艺术模式）的产出物。

4 1988年CDPA法案第178节。

5 1988年CDPA法案第9（1）节、第79节和第81节。

6 包括欧盟和美国，参见第C-145/10号“Eva-Maria Painer诉Standard Verlags GmbH等人案”[2010] ECR I-12533；美国版权办公室《美国版权办公室实践纲要》2017年第三版第§ 313.2节。

7 例如连《伯尔尼公约》都没有涉及计算机生成作品，参见《伯尔尼公约》第2条。

8 腾讯研究院（2017）。

9 律师事务所起诉被告侵害署名权、保护作品完整权、信息网络传播权，参见“北京菲林律师事务所诉北京百度网讯科技有限公司（2018）（京0491民初239号）”。

10 同上。

11 同上。

12 Yi（2017）。

13 Wei（2019）。

14 《中华人民共和国著作权法》第三条。此处“曲艺”指中国戏曲。

15 《中华人民共和国著作权法实施条例》第二条（2013）。

16 《中华人民共和国著作权法（修订草案送审稿）》（2012）。

17 《中华人民共和国著作权法（修订草案送审稿）》第五条（2012）。

18 Xiong（2017）。

19 Xiong（2017）。

20 Xiong（2017）。

21 Xiong（2017）。

22 Wang（2017）。

23　Wang（2017）。

24　Wang（2017）。

25　《中华人民共和国著作权法实施条例》第二条。

26　《中华人民共和国著作权法实施条例》第三条。

27　Wang（2015）。

28　Wang（2015）。

29　Zhong（2017）。

30　Wei（2019）。

31　《中华人民共和国著作权法》第十一条第二款。

32　《中华人民共和国著作权法实施条例》第三条。

33　Maggiore（2018）。

34　《中华人民共和国著作权法》第十一条第一款。

35　《中华人民共和国著作权法》第十六条、第十七条。

36　《中华人民共和国著作权法》第十六条。

37　《中华人民共和国著作权法》第十六条规定：有下列情形之一的职务作品，作者享有署名权，著作权的其他权利由法人或者非法人单位享有，法人或者非法人单位可以给予作者奖励：（一）主要是利用法人或者非法人单位的物质技术条件创作，并由法人或者非法人单位承担责任的工程设计、产品设计图纸及其说明、计算机软件、地图等职务作品；（二）法律、行政法规规定或者合同约定著作权由法人或者非法人单位享有的职务作品。（译者注：作者此处引用的是《中华人民共和国著作权法》（1990 年））。

38　《中华人民共和国著作权法》第十一条。

参考文献

算法治理的法律和道德挑战：绪论

Abu-Nasser B（2017）Medical expert systems survey. Int J Eng Inf Syst 7：218.

AlgorithmWatch（2019）Automating society. Taking stock of automated decision-making in the EU. https：//algorithmwatch. org/wp-content/uploads/2019/01/Automating_Society_Report_2019. pdf. Accessed 29 Apr 2020.

Anderson JM et al.（2016）Autonomous vehicle technology. A guide for policymakers. RAND，Santa Monica California. https：//www. rand. org/content/dam/rand/pubs/research_reports/RR400/RR443-2/RAND_RR443-2. pdf. Accessed 29 Apr 2020.

Arntz M et al.（2016）The risk of automation for jobs in OECD countries：a comparative analysis. OECD Social，Employment and Migration Working Papers，No. 189. OECD Publishing，Paris. https：//doi. org/10. 1787/5jlz9h56dvq7-en. Accessed 29 Apr 2020.

Autor D，Salomons A（2018）Is automation labor-displacing? Productivity growth，employment，and the labor share. NBER Working Paper，No. 24871. https：//doi. org/10. 3386/w24871. Accessed 29 Apr 2020.

Barrett L（2017）Reasonably suspicious algorithms：predictive policing at the United States border. N Y Univ Rev Law Soc Change 41（3）：327.

Barry-Jester AM et al.（2015）The new science of sentencing. The Marshall Project，4 Apr 2015. https：//www. themarshallproject. org/2015/08/04/the-new-science-of-sentencing#. xXEp6R5rD. Accessed 29 Apr 2020.

Bertolini A（2018）Artificial intelligence and civil law：liability rules for drones. Study commissioned by the European Parliament's Policy Department for citizens' rights and constitutional affairs at the request of the JURI Committee, PE 608. 848.

Botsman R (2017) Big data meets Big Brother as China moves to rate its citizens. Wired UK, 21 Oct 2017. https://www. wired. co. uk/article/chinese - government - social - credit - score-privacy-invasion. Accessed 29 Apr 2020.

Bradford A (2020) The Brussels effect: how the European Union rules the world. Oxford University Press, Oxford.

Burrell J (2016) How the machine "thinks": understanding opacity in machine learning algorithms. Big Data Soc, January-June, 1.

Cath C et al. (2018) Artificial intelligence and the "Good Society": the US, EU, and UK approach. Sci Eng Ethics 24 (2): 505.

Charalambous E et al. (2019) AI in production: a game changer for manufacturers with heavy assets. https://www. mckinsey. com/business-functions/mckinsey-analytics/our-insights/ai-in-production-a-game-changer-for-manufacturers-with-heavy-assets. Accessed 29 Apr 2020.

Chen Y et al. (2018) "Rule of Trust": the power and perils of China's social credit megaproject. Columbia J Asian Law 32 (1): 1. https://ssrn. com/abstract ¼ 3294776. Accessed 29 Apr 2020.

Cobbe J (2018) Administrative law and the machines of government: judicial review of automated public - sector decision - making. A pre - review version of a paper in Legal Studies, Forthcoming. https://ssrn. com/abstract ¼ 3226913. Accessed 29 Apr 2020.

Coglianese C, Lehr D (2017) Regulating by robot: administrative decision making in the machinelearning era. Georgetown Law J 105: 1147. https://ssrn. com/abstract ¼ 2928293. Accessed 29 Apr 2020.

Council of Europe, Committee of Experts on Internet Intermediaries (MSI - NET) (2017) Algorithms and human rights-Study on the human rights dimensions of automated data processing techniques and possible regulatory implications. DGI (2017) 12. https://rm. coe. int/study - hrdimension - of - automated - data - processing - incl - algorithms/168075b94a. Accessed 29 Apr 2020.

Council of Europe, European Commission for the Efficiency of Justice (CEPEJ)

(2018) European Ethical Charter on the use of artificial intelligence in judicial systems and their environment. Strasbourg, 3 - 4 Dec 2018. https: //rm. coe. int/ethical - charter - en - for-publication-4-december-2018/16808f699c. Accessed 29 Apr 2020.

Cremona M, Scott J (2019) EU law beyond EU borders. Oxford University Press, Oxford.

DeBarr D, Harwood M (2004) Relational mining for compliance risk, presented at the Internal Revenue Service Research Conference. http: //www. irs. gov/pub/irs-soi/04debarr. pdf [https: //perma. cc/Y9F8-RWNK] . Accessed 29 Apr 2020.

Delponte L (2018) European Artificial Intelligence (AI) leadership, the path for an integrated vision, Study requested by the ITRE Committee of the European Parliament. PE 626. 074. http: //www. europarl. europa. eu/RegData/etudes/STUD/2018/626074/IPOL _ STU (2018) 626074_EN. pdf. Accessed 29 Apr 2020.

Dumbrava C, European Parliamentary Research Service (EPRS) (2020) Tracking mobile devices to fight coronavirus. PE 649. 384. http: //www. europarl. europa. eu/RegData/etudes/BRIE/2020/649384/EPRS_BRI (2020) 649384_EN. pdf. Accessed 29 Apr 2020.

Dutton T (2018) An overview of national AI strategies. Medium, 28 June 2018. https: //medium. com/politics - ai/an - overview - of - national - ai - strategies - 2a70ec6edfd. Accessed 29 Apr 2020.

Ebers M (2020) Regulating AI and robotics: ethical and legal challenges. In: Ebers M, Navas Navarro S (eds) Algorithms and law. Cambridge University Press, Cambridge, pp. 37-99.

Edwards L, Veale M (2018) Enslaving the algorithm: from a "right to an explanation" to a "right to better decisions"? IEEE Security & Privacy, May/June 46.

Epstein R (2014) How Google could end democracy. U. S. News & World Report, 9 June 2014. https: //www. usnews. com/opinion/articles/2014/06/09/how - googles - search-rankings-couldmanipulateelections-and-end-democracy. Accessed 29 Apr 2020.

European Commission (2018a) Communication "Artificial Intelligence for Europe" . COM (2018) 237 final.

European Commission (2018b) Communication "Coordinated plan on Artificial Intelligence" . COM (2018) 795 final.

European Commission (2019) Communication "Building trust in human-centric Artificial Intelligence” . COM （2019） 168 final.

European Commission（2020a） Communication “Commission Work Programme 2020. A Union that strives for more” . COM （2020） 37 final.

European Commission （2020b） Communication “European strategy for data” . COM （2020） 66 final.

European Commission （2020c） Report on the safety and liability implications of artificial intelligence, the Internet of Things and robotics. COM （2020） 64 final.

European Commission （2020d） White Paper “On Artificial Intelligence–A European approach to excellence and trust” . COM （2020） 65 final.

European Group on Ethics in Science and New Technologies （2018） Statement on artificial intelligence, robotics and “autonomous” systems. Brussels, 9 Mar 2018. https：//ec. europa. eu/info/news/ethics–artificial–intelligence–statement–ege–released–2018–apr–24_en. Accessed 29 Apr 2020.

Executive Office of the ［US］ President–National Science and Technology Council Committee on Technology （2016） Preparing for the future of artificial intelligence （OSTP report）. https：//obamawhitehouse. archives. gov/sites/default/files/whitehouse _ files/microsites/ostp/NSTC/preparing_for_the_future_of_ai. pdf. Accessed 29 Apr 2020.

Expert Group on Liability and New Technologies–New Technologies Formation （2019） Liability for artificial intelligence and other emerging technologies. https：//doi. org/10. 2838/573689. https：//ec. europa. eu/newsroom/dae/document. cfm? doc_id ¼ 63199. Accessed 29 Apr 202.

Ferguson AG （2012） Predictive policing and reasonable suspicion. Emory Law J 62：259.

Fjeld J et al. （2020） Principled artificial intelligence：mapping consensus in ethical and rights–based approaches to principles for AI. Berkman Klein Center Research Publication No. 2020–1, 15 Jan 2020. https：//doi. org/10. 2139/ssrn. 3518482. Accessed 29 Apr 2020.

Freeman Engstrom D et al. （2020） Government by algorithm：artificial intelligence in federal administrative agencies, Report submitted to the administrative conference of the United States. https：//www–cdn. law. stanford. edu/wp–content/uploads/2020/02/ACUS–AI–Report. pdf. Accessed 29 Apr 2020.

Gray A（2018）7 amazing ways artificial intelligence is used in healthcare. World Economic Forum，20 Sep 2018. www. weforum. org/agenda/2018/09/7 – amazing – ways – artificial–intelligence–isused–in–healthcare. Accessed 29 Apr 2020.

Hamon R et al.（2020）Robustness and explainability of artificial intelligence–From technical to policy solutions. Publications Office of the European Union，Luxembourg. https：//doi. org/10. 2760/57493（online），JRC119336. Accessed 29 Apr 2020.

High Level Expert Group on AI（AI HLEG）（2018）Draft "Ethics Guidelines for trustworthy AI"，Working Document for stakeholders' consultation. Brussels，18 Dec 2018. https：//ec. europa. eu/digital–single–market/en/news/draft–ethics–guidelines–trustworthy–ai. Accessed 29 Apr 2020.

High Level Expert Group on AI（AI HLEG）（2019a）A definition of AI：main capabilities and disciplines. Brussels，9 Apr 2019. https：//ec. europa. eu/newsroom/dae/document. cfm？doc_id ¼ 56341. Accessed 29 Apr 2020.

High Level Expert Group on AI（AI HLEG）（2019b）Ethics Guidelines for trustworthy AI（Ethics Guidelines）. Brussels，8 Apr 2019. https：//ec. europa. eu/newsroom/dae/document. cfm？doc _ id ¼ 58477https：//ec. europa. eu/futurium/en/ai – alliance – consultation. Accessed 29 Apr 2020.

High Level Expert Group on AI（AI HLEG）（2019c）Policy and investment recommendations for trustworthy AI. Brussels，26 June 2019. ec. europa. eu/newsroom/dae/document. cfm？doc_id ¼ 60343. Accessed 29 Apr 2020.

Humerick M（2018）Taking AI personally：how the E. U. must learn to balance the interests of personal data privacy & artificial intelligence. Santa Clara High Technol Law J 34：393.

Hvistendahl M（2017）Inside China's vast new experiment in social ranking. Wired，14 Dec 2017. https：//www. wired. com/story/age–of–social–credit/. Accessed 29 Apr 2020.

International Electrotechnical Commission（IEC）（2018）White Paper "Artificial Intelligence across industries". https：//basecamp. iec. ch/download/iec–white–paper–artificial–intelligence–acrossindustries–en/. Accessed 29 Apr 2020.

Kayali L（2019）Next European Commission takes aim at AI. Artificial intelligence will be the next GDPR. Politico，18 July 2019. https：//www. politico. eu/article/ai–data–regulator-rules-next-european-commission-takes-aim/. Accessed 29 Apr 2020.

Keats D, Pasquale FA (2014) The scored society: due process for automated predictions. Washington Law Rev 89: 1.

Kitchin R (2017) Thinking critically about and researching algorithms. Inf Commun Soc 20 (1): 1-14.

Kritikos M, European Parliamentary Research Service (EPRS) (2020) Ten technologies to fight coronavirus. PE 641. 543.

Leese M (2014) The new profiling: algorithms, black boxes, and the failure of anti-discriminatory safeguards in the European Union. Secur Dialog 45 (5): 494.

Margulies P (2018) The other side of autonomous weapons: using artificial intelligence to enhance IHL compliance. Roger Williams University Legal Studies Paper No. 182, 12 June 2018. https: //ssrn. com/abstract ¼ 3194713. Accessed 29 Apr 2020.

Martini M (2019) Fundamentals of a regulatory system for algorithm - based processes. Speyer. https: //www. vzbv. de/sites/default/files/downloads/2019/07/19/martini_regulatory_system_algorithm_based_processes. pdf. Accessed 29 Apr 2020.

McCarthy J (2007) What is artificial intelligence? www-formal. stanford. edu/jmc/whatisai/. Accessed 29 Apr 2020.

Mittelstadt BD et al. (2016) The ethics of algorithms: mapping the debate. Big Data Soc, JulySeptember, 1.

Nix A (2016) Speech at the 2016 Concordia annual summit in New York. https: //www. youtube. com/watch? v ¼ n8Dd5aVXLCc. Accessed 29 Apr 2020.

OECD (2019a) Artificial intelligence in society. OECD Publishing, Paris. https: //doi. org/10. 1787/eedfee77-en. Accessed 29 Apr 2020.

OECD (2019b) Going digital: shaping policies, improving lives. OECD Publishing, Paris. https: //doi. org/10. 1787/9789264312012-en. Accessed 29 Apr 2020.

OECD (2019c) Recommendation of the Council on Artificial Intelligence. OECD/LEGAL/0449. legalinstruments. oecd. org/en/instruments/OECD - LEGAL - 0449. Accessed 29 Apr 2020.

Office of Management and Budget (OMB), The White House (2019) Draft Memorandum for the Heads of executive departments and agencies, Guidance for regulation of artificial intelligence applications. www. whitehouse. gov/wp – content/uploads/2020/01/Draft – OMB – Memo–on–Regulation–of–AI–1–7–19. pdf. Accessed 29 Apr 2020.

Oswald M, Grace J (2016) Intelligence, policing and the use of algorithmic analysis: a freedom of information – based study. J Inf Rights Policy Pract 1 (1). https: // journals. winchesteruniversitypress. org/index. php/jirpp/article/view/16. Accessed 29 Apr 2020.

Pariser E (2011) The filter bubble: what the internet is hiding from you. Penguin Press, New York.

Pasquale F (2015) The black box society: the secret algorithms that control money and information. Harvard University Press, London.

Perrault R et al. (2019) The AI Index 2019 Annual Report. AI Index Steering Committee, HumanCentered AI Institute. Stanford University, Stanford, Dec 2019. https: // hai. stanford. edu/sites/g/files/sbiybj10986/f/ai _ index _ 2019 _ report. pdf. Accessed 29 Apr 2020.

Raso F et al. (2018) Artificial intelligence & human rights: opportunities & risks. Berkman Klein Center Research Publication, No. 2018 – 6, 25 Sep 2018. https: // doi. org/10. 2139/ssrn. 3259344. Accessed 29 Apr 2020.

Rich M (2016) Machine learning, automated suspicion algorithms, and the fourth amendment. Univ Pa Law Rev 164: 871.

Rubinstein I (2014) Voter privacy in the age of big data. Wisconsin Law Rev: 861.

Russell S, Norvig P (2011) Artificial intelligence: a modern approach. 3rd ed. Pearson Education, London.

Samoili S et al. (2020) AI Watch. Defining artificial intelligence. Towards an operational definition and taxonomy of artificial intelligence. EUR 30117 EN. Publications Office of the European Union, Luxembourg. http: //publications. jrc. ec. europa. eu/repository/bitstream/JRC118163/jrc118163 _ ai _ watch. _ defining _ artificial _ intelligence _ 1. pdf. Accessed 29 Apr 2020.

Saunders J et al. (2016) Predictions put into practice: a quasi–experimental evaluation of Chicago's predictive policing pilot. J Exp Criminol 12: 347.

Saurwein F et al. (2015) Governance of algorithms: options and limitations. Info 17 (6): 35.

Shepardson D (2018) Trump administration will allow AI to "freely develop" in U. S.: official. Technology News, 10 May 2018. https://www.reuters.com/article/us-usa-artificialintelligence/trump-administration-will-allow-ai-to-freely-develop-in-u-s-official-idUSKBN1IB30F. Accessed 29 Apr 2020.

Smuha NA (2019) From a "race to AI" to a "race to AI regulation": regulatory competition for artificial intelligence. https://doi.org/10.2139/ssrn.3501410. Accessed 29 Apr 2020.

Sunstein CR (2017) #Republic. Divided democracy in the age of social media. Princeton University Press, Princeton.

Thomas V (2018) Report on artificial intelligence: Part I-the existing regulatory landscape. Howtoregulate.com, 14 May 2018. https://www.howtoregulate.org/artificial_intelligence/. Accessed 29 Apr 2020.

Trump D (2019) Executive order on maintaining American leadership in artificial intelligence. 11 Feb 2019. https://www.whitehouse.gov/presidential-actions/executive-order-maintainingamerican-leadership-artificial-intelligence/. Accessed 29 Apr 2020.

Vinuesa R et al. (2020) The role of artificial intelligence in achieving the sustainable development goals. Nat Commun 11: 233. https://doi.org/10.1038/s41467-019-14108-y. Accessed 29 Apr 2020.

Von der Leyen U (2019) Political Guidelines for the next European Commission 2019-2024, A Union that strives for more: my agenda for Europe. 19 July 2019. https://ec.europa.eu/commission/sites/beta-political/files/political-guidelines-next-commission_en.pdf. Accessed 29 Apr 2020.

Wagner B (2018) Ethics as an escape from regulation: from ethics-washing to ethics-shopping? In: Hildebrandt (ed) Being profiled: cogitas ergo sum. Amsterdam University Press, Amsterdam, pp. 84-89.

World Economic Forum (2017) Impact of the fourth industrial revolution on supply chains. October 2017. http://www3.weforum.org/docs/WEF_Impact_of_the_Fourth_Industrial_Revolution_on_Supply_Chains_.pdf. Accessed 29 Apr 2020.

Zarsky TZ (2017) Incompatible: the GDPR in the age of big data. Seton Hall Law Rev 47 (4): 9.

隐私、非歧视与公平待遇：从基本权利视角应对行为画像

Barnard C, Hepple B (2000) Substantive equality. Cambridge Law J 59: 562.

Barocas S, Selbst AD (2016) Big data's disparate impact. California Law Rev 104: 671.

Corbett-Davies S et al. (2016) A computer program used for bail and sentencing decisions was labelled biased against blacks. It's actually not that clear. The Washington Post, 17th October 2016. https://www.washingtonpost.com/news/monkey-cage/wp/2016/10/17/can-an-algorithmbe-racist-our-analysis-is-more-cautious-than-propublicas/? noredirect ¼ on&utm_term ¼ . 9c25816db76c. Accessed Apr 2019.

Floridi L (2011) The informational nature of personal identity. Minds Mach 21: 549.

Floridi L (2014) Open data, data protection, and group privacy. Philos Technol 27: 1.

Floridi L (2017) Group privacy: a defense and an interpretation. In: Taylor L et al. (eds) Group privacy. Springer, Dordrecht.

Gonçalves ME (2017) The EU data protection reform and the challenges of big data: remaining uncertainties and ways forward. Inf Commun Technol Law 26: 90.

Hacker P (2018) Teaching fairness to artificial intelligence: existing and novel strategies against algorithmic discrimination under EU law. Common Mark Law Rev 55: 1143.

Hacker P, Wiedemann E (2017) A continuous framework for fairness. arXiv.org. http://arxiv.org/abs/1712.07924.

Harris D et al. (2009) Law of the European Convention on human rights. Oxford University Press, New York.

Hildebrandt M (2006) Profiling: from data to knowledge. Datenschutz und Datensicherheit 30: 548.

Hildebrandt M, Gutwirth S (eds) (2008) Profiling the European citizen. Springer, Dordrecht.

Hildebrandt M，Koops EJ（2010）The challenges of ambient law and legal protection in the profiling era. Mod Law Rev 73：428.

Jacobs FG et al.（1996）The European Convention on human rights. Clarendon Press，Oxford.

Kammourieh L et al.（2017）Group privacy in the age of big data. In：Taylor L et al.（eds）Group privacy. Springer，Dordrecht.

Kim P（2017）Data-driven discrimination at work. William Mary Law Rev 58：857.

Kokott J，Sobotta C（2015）Protection of fundamental rights in the European Union：on the relationship between EU fundamental rights，the European Convention and national standards of protection. Yearb Eur Law 34：60.

Leese M（2014）The new profiling：algorithms，black boxes，and the failure of anti-discriminatory safeguards in the European Union. Secur Dialogue 45：494.

Lynskey O（2014）Deconstructing data protection：the "added-value" of a right to data protection in the EU legal order. Int Comput Law Q 63：569.

Mantelero A（2016）Personal data for decisional purposes in the age of analytics：from an individual to a collective dimension of data protection. Comput Law Secur Rev 32：238.

Mayer-Schönberger V，Cukier K（2013）Big data：a revolution that will transform how we live，work and think. John Murray，London.

Mittelstadt B（2017）From individual to group privacy in big data analytics. Philos Technol 30：475.

Mittelstadt B et al.（2016）The ethics of algorithms：mapping the debate. Big Data Soc 3：1.

Noble SU（2018）Algorithms of oppression：how search engines reinforce racism. New York University Press，New York.

Roberts JL（2015）Protecting privacy to prevent discrimination. William Mary Law Rev 56：2132.

Rubinstein IS（2013）Big data：the end of privacy or a new beginning? Int Data Priv Law 3：74.

Schabas WA（2015）The European convention on human rights：a commentary. Oxford University Press，Oxford.

Schermer BW (2011) The limits of privacy in automated profiling and data mining. Comput Law Secur Rev 27: 45.

Solove DJ (2002) Conceptualizing privacy. California Law Rev 90: 1087.

Taylor L et al. (2017a) Introduction: a new perspective on privacy. In: Taylor L et al. (eds) Group privacy. Springer, Dordrecht.

Taylor L et al. (2017b) Group privacy. Springer, Dordrecht.

Van der Sloot B (2017) Do groups have a right to protect their group interest in privacy and should they? Peeling the onion of rights and interests protected under article 8 ECHR. In: Taylor L et al. (eds) Group privacy. Springer, Dordrecht.

Wachter S, Mittelstadt B (2018) A right to reasonable inferences: re-thinking data protection in the age of big data and AI. Columbia Bus Law Rev. https://papers.ssrn.com/sol3/papers.cfm? abstract_id ¼ 3248829.

Wachter S et al. (2017a) Transparent, explainable, and accountable AI for robotics. Sci Robot 2: 1.

Wachter S et al. (2017b) Why a right to explanation of automated decision-making does not exist in the general data protection regulation. Int Data Priv Law 7: 76.

Wachter S et al. (2018) Counterfactual explanations without opening the black box: automated decisions and the GDPR. Harv J Law Technol 31: 841.

Ward A (2018) The impact of the EU Charter of fundamental rights on anti-discrimination law: more a whimper than a bang? Cambridge Yearb Eur Legal Stud 20: 32.

Wei Y et al. (2015) Credit scoring with social network data. Mark Sci 35: 234.

Whitman JQ (2004) The two western cultures of privacy: dignity versus liberty. Yale Law J 113: 1151.

Zarsky T (2016) The trouble with algorithmic decisions: an analytic road map to examine efficiency and fairness in automated and opaque decision making. Sci Technol Hum Values 41: 118.

Zuboff S (2019) The age of surveillance capitalism: the fight for a human future at the new frontier of power. Public Affairs, New York.

审判黑箱：算法不透明性对刑事诉讼公正审判权的影响

Ananny M, Crawford K（2018）Seeing without knowing: limitations of the transparency ideal and its application to algorithmic accountability. New Media Soc 20: 973.

Angwin J, Larson J（2016）How we analyzed the COMPAS recidivism algorithm. ProPublica, 23 May 2016. https://www.propublica.org/article/how-we-analyzed-the-compas-recidivismalgorithm. Accessed 27 Oct 2018.

Arslan M（2018）The right to examination of prosecution witnesses. Zeitschrift für Internationale Strafrechtsdogmatik 6: 218.

Beillevaire M（2017）Inside the black box: how to explain individual predictions of a machine learning model. Master thesis, KTH Royal Institute of Technology School of Electrical Engineering and Computer Science.

Big Brother Watch（2018）A closer look at Experian big data and artificial intelligence in Durham police. Big Brother Watch Blog, 6 April 2018. https://bigbrotherwatch.org.uk/2018/04/a-closerlook-at-experian-big-data-and-artificial-intelligence-in-durham-police/. Accessed 11 Dec 2019.

Bratus et al.（2010）Software on the witness stand: what should it take for us to trust it. In: Acquisti A et al.（eds）Trust and trustworthy computing. Springer, Berlin, Heidelberg.

Bridge M, Swerling G（2017）Bail or jail? App helps police make decision about suspect. The Times, 11 May 2017. https://www.thetimes.co.uk/article/bail-or-jail-app-helps-police-makedecision-about-suspect-kv766zjc9. Accessed 24 Jan 2019.

Burgess M（2018）UK police are using AI to inform custodial decisions but it could be discriminating against the poor. Wired. https://www.wired.co.uk/article/police-ai-uk-durham-hart-check-point-algorithm-edit.

Burrell J（2016）How the machine "thinks": understanding opacity in machine learning algorithms. Big Data Soc 3. https://doi.org/10.1177/2053951715622512.

Celentino JC（2016）Face-to-face with facial recognition evidence：admissibility under the postcrawford confrontation clause. Mich Law Rev 114（7）：1317.

Chessman C（2017）A source of error：computer code，criminal defendants，and the constitution. Calif Law Rev 105：179.

Citron DK（2016）（Un）Fairness of risk scores in criminal sentencing. Forbes. https：//www. forbes. com/sites/daniellecitron/2016/07/13/unfairness-of-risk-scores-in-criminal-sentencing/. Accessed 9 July 2019.

Citron DK，Pasquale F（2014）The scored society：due process for automated predictions essay. Wash Law Rev 89：1.

Cormen TH et al.（2009）Introduction to algorithms. The MIT Press，Cambridge.

Council of Europe's MSI-NET（2018）Algorithms and Human Rights. https：//rm. coe. int/algorithms-and-human-rights-en-rev/16807956b5. Accessed 14 Apr 2020.

Datta A et al.（2016）Algorithmic transparency via quantitative input influence：theory and experiments with learning systems. 2016 IEEE Symposium on Security and Privacy（SP）598.

de Laat PB（2017）Algorithmic decision-making based on machine learning from big data：can transparency restore accountability? Philos Technol 31：525.

Diakopoulos N（2014）Algorithmic-accountability：the investigation of black boxes. Tow Center for Digital Journalism.

Dilek S et al.（2015）Applications of artificial intelligence techniques to combating cyber crimes：a review. Int J Artif Intell Appl 6：21.

Doshi-Velez F et al.（2017）Accountability of AI under the law：the role of explanation. https：//arxiv. org/abs/1711. 01134.

Edwards L，Veale M（2018）Enslaving the Algorithm：From a "Right to an explanation" to a "Right to better decisions"? IEEE Security & Privacy 16：46.

Eslami M et al.（2019）User attitudes towards algorithmic opacity and transparency in online reviewing platforms. In：CHI Conference on Human Factors in Computing Systems Proceedings（CHI 2019），May 4-9，Glasgow，Scotland UK. https：//doi. org/10. 1145/3290605. 330072414.

Eubanks V（2017）Automating inequality：how high-tech tools profile，police，and punish the poor. St Martin's Press, New York.

Feldman B (2018) This is why Alexa is laughing at you. Intelligencer, 8 March 2018. http://nymag.com/intelligencer/2018/03/this-is-why-alexa-is-laughing-at-you.html. Accessed 19 Mar 2019.

Freeman K (2016) Algorithmic injustice: how the Wisconsin Supreme Court failed to protect due process rights in State v. Loomis. N C J Law Technol 18: 75.

Gillespie T (2014) The relevance of algorithms. Media technologies: essays on communication, materiality, and society 167.

Green B (2018) Fair risk assessments: a precarious approach for criminal justice reform. 5th Workshop on fairness, accountability, and transparency in machine learning.

Harris DJ et al. (2014) Law of the European Convention on Human Rights. Oxford University Press, Oxford.

Health Support Queensland and Forensic and Scientific Services (2016) STRmix Miscoding Error. https://www.health.qld.gov.au/_data/assets/pdf_file/0029/633368/dohdl1617012.pdf. Accessed 13 Feb 2019.

Hildebrandt M (2018) Algorithmic regulation and the rule of law. Philos Trans R Soc A. 37620170355.

Horsman G (2019) Tool testing and reliability issues in the field of digital forensics. Digit Investig 28: 163.

Hotten R (2015) Volkswagen: the scandal explained. BBC News, 10 December 2015. https://www.bbc.com/news/business-34324772. Accessed 2 Apr 2019.

House of Commons Science and Technology Committee (2018) Algorithms in decision-making. House of Commons 2018. Fourth Report of Session 2017-2019.

Imwinkelried EJ (2016) Computer source code: a source of the growing controversy over the reliability of automated forensic techniques. DePaul Law Rev 66: 97.

Jenkins MM (1975) Computer-generated evidence specially prepared for use at trial law and technology symposium. Chicago-Kent Law Rev 52: 600.

Kim TW, Routledge B (2018) Algorithmic Transparency, a Right to Explanation and Trust. https://www.researchgate.net/publication/327160677_Informational_Privacy_A_Right_to_Explanation_and_Interpretable_AI.

Kroll JA et al. （2016） Accountable algorithms. Univ Pa Law Rev 165：633.

Lepri B et al. （2018） Fair，transparent，and accountable algorithmic decision-making processes. Philos Technol 31：611.

Liebow D （2010） DWI Source Code Motions after Underdahl. Minn J Law Sci Technol 11：853.

Lipton ZC （2017） The mythos of model interpretability. arXiv：1606.03490 [cs, stat].

Longo A （2019） Più di mille italiani intercettati sul cellulare，per errore，da un hacker di Stato. La Repubblica，30 March 2019. https：//www.repubblica.it/tecnologia/sicurezza/2019/03/30/news/molte_centinaia_di_italiani_intercettati_su_cellulare_per_errore_da_hacker_di_stato-222865990/. Accessed 2 Apr 2019.

Maiberg E et al. （2019） Researchers find Google Play Store apps were actually government malware. Motherboard. https：//motherboard.vice.com/en_us/article/43z93g/hackers-hidandroid-malware-in-google-play-store-exodus-esurv. Accessed 1 Apr 2019.

Malgieri G，Comandé G （2017） Why a right to legibility of automated decision-making exists in the General Data Protection Regulation. Int Data Privacy Law 7：243.

Marx K，Nicolaus M. Grundrisse：foundations of the critique of political economy （rough draft）.

Mittelstadt B et al. （2019） Explaining explanations in AI. Proceedings of the Conference on Fairness，Accountability，and Transparency-FAT'19. ACM Press 2019.

Neville K （2011） Programmers and forensic analyses：accusers under the confrontation clause. Duke Law Technol Rev 10：1.

O' Neil C （2016） Weapons of math destruction：how big data increases inequality and threatens democracy. Crown，New York.

Oswald M et al. （2018） Algorithmic risk assessment policing models：lessons from the Durham HART Model and "Experimental" Proportionality. Inf Commun Technol Law 27：223.

Packer HL （1968） The limits of the criminal sanction. Stanford UP；Oxford UP.

Pagallo U，Quattrocolo S （2018） The impact of AI on criminal law，and its two fold procedures. In：Barfield W，Pagallo U （eds） Research handbook on the law of artificial intelligence. Edward Elgar, Cheltenham.

Pasquale F (2015) The black box society: the secret algorithms that control money and information. Harvard University Press, Cambridge.

Roth A (2016) Trial by machine. Georgetown Law J 1245.

Roth A (2017) Machine testimony. Yale Law J 126 (1): 1972. https://www.yalelawjournal.org/article/machine-testimony. Accessed 12 Mar 2019.

Sauer G (2017) A murder case tests Alexa's devotion to your privacy. Wired. https://www.wired.com/2017/02/murder-case-tests-alexas-devotion-privacy/. Accessed 19 Mar 2019.

Security without Borders (2019) Exodus: new android spyware made in Italy. https://securitywithoutborders.org/blog/2019/03/29/exodus.html. Accessed 1 Apr 2019 Selbst AD, Powles J (2017) Meaningful information and the right to explanation. Int Data Privacy Law 7: 233.

Sites B (2014) Rise of the machines: machine-generated data and the confrontation clause. Columbia Sci Technol Law Rev 16: 36. https://ssrn.com/abstract ¼ 2548701.

The Law Society of England and Wales (2019) Algorithm use in the criminal justice system report. https://www.lawsociety.org.uk/support-services/research-trends/algorithm-use-in-the-criminaljustice-system-report/? fbclid ¼ iwar00xj3zliogp71ykvnzlhuaxyxlrklc1qkefczkri jfbha-rotgn_-omr5u. Accessed 1 July 2019.

Van Buskirk E, Liu VT (2006) Digital evidence: challenging the presumption of reliability. J Digit Forensic Pract 1: 19.

Vowles E, Story Carter J (2018) Your smart device could be used against you in Court. ABC News, 9 March 2018. https://www.abc.net.au/news/2018-03-09/your-google-home-or-fit-bit-couldbe-used-against-you-in-court/9510368. Accessed 19 Mar 2018.

Watson KE (2015) COBRA data and the right to confront technology against you. North Ky Law Rev 42: 375.

员工植入微芯片：非法监视还是职场新趋势？

Article 29 Data Protection Working Party（2014）Opinion 06/2014 on the notion of legitimate interests of the data controller under Article 7 of Directive 95/46/EC. WP 217. https：//ec. europa. eu.

Article 29 Data Protection Working Party（2017）Opinion 2/2017 on data processing at work. WP 249. https：//ec. europa. eu.

Article 29 Working Party（2007）Opinion 4/2007 on the concept of personal data. WP 136. https：//ec. europa. eu.

Article 29 Working Party（2017）Guidelines on consent under Regulation 2016/679. WP259 rev. 01. https：//ec. europa. eu.

Belli L et al.（2017）Selling your soul while negotiating the conditions：from notice and consent to data control by design. Health Technol 7（4）：453-467.

Custers BH，Ursic H（2018）Worker privacy in a digitalized world under European Law. Comp Labor Law Policy J 39（2）：323-344.

Custers B et al.（2013）Informed consent in social media use：the gap between user expectations and EU personal data protection law. SCRIPTed 10：4 435. http：//script - ed. org/？ p ¼ 1232.

Fischer-Hübner S，Hedbom H（eds）（2008）A holistic privacy framework for RFID applications. FIDIS Deliverables D12. 3. http：//www. fidis. net.

Gauttier S（2019）"I" ve got you under my skin' -the role of ethical consideration in the（non -）acceptance of insideables in the workplace. Technol Soc. https：//doi. org/10. 1016/j. techsoc. 2018. 09. 008.

Glaser A（2017）The next evolution in office working could be employees getting implanted with a microchip. Vox Media. https：//www. vox. com.

Graveling R et al.（2018）The use of chip implants for workers. European Parliament. http：//www. europarl. europa. eu. Accessed 12 July 2019.

Halperin D et al.（2008）Security and privacy for implantable medical devices. IEEE

Pervasive Comput, Special Issue on Implantable Electronics 7 (1): 30–39.

Information Commissioner's Office (2012) What is personal data? –A quick reference guide. https: //ico. org. uk. Accessed 12 July 2019.

Kanarbik L (2018) Võtmed naha all ehk Miks Ülemiste linnaku töötajad end kiibistada lasevad. In: EestiPäevaleht. https: //epl. delfi. ee.

Khan NA (2015) RFIDs chip implants and their related ethical issues. https: //doi. org/10. 13140/RG. 2. 1. 3717. 6166.

Mangan D (2018) Online speech and the workplace: public right, private regulation. Comp Labor Law Policy J 39 (2): 357–388.

Martins Esfola JP (2018) Bar coded at work. An analysis of the European privacy and data protection legal frameworks regarding the hypothetical use of RFID implants for workers' surveillance. University of Tilburg.

Meints M (ed) (2007) D3. 7 A structured collection on information and literature on technological and usability aspects of Radio Frequency Identification (RFID). http: //www. fidis. net/fileadmin/fidis/deliverables/fidis–wp3–del3. 7. literature_RFID. pdf. Accessed 14 Apr 2020.

MHI (2019) Automatic Identification and Data Collection. http: //www. mhi. org.

Mitrou L (2019) Data protection, artificial intelligence and cognitive services: is the General Data Protection Regulation (GDPR) "Artificial Intelligence–Proof"? . https: //www. academia. edu/. Accessed 13 July 2019.

Office of the Privacy Commissioner of Canada (2008) Radio Frequency Identification (RFID) in the workplace: recommendations for good practices. https: //www. priv. gc. ca/en/about–the–opc/what–we–do/consultations/completed–consultations/rfid/. Accessed 14 Apr 2020.

Ogriseg C (2017) GDPR and personal data protection in the employment context. Labour Law Issues 3 (2). https: //doi. org/10. 6092/issn. 2421–2695/7573.

Padi J (2018) Big data analytics, consent and the European Union (EU) General Data Protection Regulation 2016 (GDPR) –the fallacy of consent and control. Dissertation, Keele University.

Poullet Y (2009) Data protection legislation: what is at stake for our society and democracy? Comput Law Secur Rev 25：211–226.

Rodney IP et al. （2008） The social implications of humancentric chip implants：a scenario– ‘Thy chipdom come，thy will be done’ . Collaborative Electronic Commerce Technology and Research. IEEE Computer Society，Spain.

Rodriguez DA （2019） Chipping in at work：privacy concerns related to the use of body microchip （RFID） implants in the employer–employee context. Iowa Law Rev 104 （3）：1581–1611.

Roosendaal AP，Kosta E （2008） A study on ICT implants. FIDIS Deliverables D12. 6. https：//research. tilburguniversity. edu.

Schmidt G，O’ ConnorKW （2018） Social media，data privacy，and the internet of people，things，and services in the workplace：a legal and organizational perspective. In：Simmers CA，Anandarajan M （eds） The internet of people，things and services–workplace transformations. Routledge，New York. https：//doi. org/10. 4324/9781315182407–6.

Solove DJ （2013） Privacy self–management and the consent dilemma. Harv Law Rev 126：1880.

Special Eurobarometer 359 （2011） Attitudes on data protection and electronic identity in the European Union. http：//ec. europa. eu.

Suder S，Siibak A （2017） Employers as nightmare readers：an analysis of ethical and legal concerns regarding employer–employee practises on SNS. Baltic J Law Polit 10 （2）：76–107. https：//doi. org/10. 1515/bjlp–2017–0013.

Thiesse F （2007） RFID，privacy and the perception of risk：a strategic framework. J Strateg Inf Syst 16 （2）：214–232. https：//doi. org/10. 1016/j. jsis. 2007. 05. 006.

Tikkinen–Piri C （2017） EU General Data Protection Regulation：changes and implications for personal data collecting companies. Comput Law Secur Rev 34 （1）：134–153. https：//doi. org/10. 1016/j. clsr. 2017. 05. 015.

World Economic Forum （2017） Global shapers survey. http：//www. shaperssurvey2017. org. Accessed 12 July 2019.

电子人格：智能自主外科手术机器人的第三人格?

Alemzadeh H et al. （2016） Adverse events in robotic surgery：a retrospective study of 14 years of FDA data. PLoS ONE 11 （4）：1 – 20. https：//doi. org/10. 1371/journal. pone. 0151470.

Alfaro Águila – Real J （2016） El reconocimiento de la personalidad jurídica en la construcción del Derecho de Sociedades. InDret （1）.

Allen T，Widdison R （1996） Can computers make contracts? Harv J Law Technol 9 （1）：26–50.

American Law Institute （2005） Restatement of the law third：agency，Vol. 1. American Law Institute Publishers，St. Paul.

Aruni G et al. （2018） New surgical robots on the horizon and the potential role of artificial intelligence. Investig Clin Urol 59：221–222. https：//doi. org/10. 4111/icu. 2018. 59. 4. 221.

Bercovitz Rodríguez–Cano R （2001） Comentarios al Código Civil. Aranzadi，Elcano.

Bertolini A （2016） Insurance and risk management for robotic devices. Global Jurist 16 （3）：291–314. https：//doi. org/10. 1515/gj–2015–0021.

Bertolini A et al. （2016） On robots and insurance. Int J Soc Robot 8：381 – 391. https：//doi. org/10. 1007/s12369–016–0345–z.

Brownsword R，Goodwin M （2012） Law and the technologies of the twenty–first century. Text and materials. Cambridge University Press，Cambridge.

Cadiere G–B et al. （2001） Feasibility of robotic laparoscopic surgery：146 cases. World J Surg 25 （11）：1467–1477. https：//doi. org/10. 1007/s00268–001–0132–2.

Calo R （2011） Open robotics. Maryland Law Rev 70：101–142. http：//ssrn. com/abstract ¼ 1706293.

Calo R （2017） Artificial intelligence policy：a primer and roadmap. Soc Sci Res Netw：1–28. https：//doi. org/10. 2139/ssrn. 3015350.

Camarillo DB et al. （2004） Robotic technology in surgery：past，present，and future. Am J Surg 188（4A）：2S-15S. https：//doi. org/10. 1016/j. amjsurg. 2004. 08. 025.

Cassarino A（2016）El papel de la actio tributoria en el sistema de los procedimientos concursales romanos. Rev Derecho Universidad Católica del Norte 23（2）：243-264. https：//doi. org/10. 4067/S0718-97532016000200008.

Chopra S，White LF（2011）A legal theory for autonomous artificial agents. The University of Michigan Press，Michigan.

Delvaux M（2016）Draft Report with recommendations to the Commission on Civil Law Rules on Robotics（2015/2103/INL）. Brussels.

Delvaux M（2017）Report with recommendations to the Commission on Civil Law Rules on Robotics（2015/2103/INL）. Brussels.

Directorate-General for Internal Policies（2016）European civil law rules in robotics. Study for the JURI Committee. https：//www. europarl. europa. eu/RegData/etudes/STUD/2016/571379/IPOL_STU（2016）571379_EN. pdf. Accessed 15 Apr 2020.

Ebers M（2019）Chapter 2：regulating AI and robotics：ethical and legal challenges. In：Ebers M（ed）Algorithms and law. Cambridge University Press，Cambridge. https：//doi. org/10. 2139/ssrn. 3392379.

Ercilla García J（2018）Normas de derecho civil y robótica. Robots inteligentes，personalidad jurídica，responsabilidad civil y regulación. Thomson Reuters Aranzadi，Cizur Menor.

European Commission（2018）Commission staff working document. Evaluation of Council Directive 85/374/EEC of 25 July 1985 on the approximation of the laws，regulations and administrative provisions of the Member States concerning liability for defective products. {COM（2018）246 final} - {SWD（2018）158 final}.

Expert Group on Liability for New Technologies（2019）Liability for artificial intelligence and other emerging technologies. https：//doi. org/10. 2838/573689.

Ganuza JJ et al.（2016）Product liability versus reputation. J Law Econ Organ 32（2）：213-241.

Gray JC（1921）The nature and sources of the law. Columbia University Press，New York.

Griffin A（2017）Facebook's artificial intelligence robot shut down after they start talking to each other in their own language. Independent. https：//www. independent. co. uk/life – style/gadgetsand – tech/news/facebook – artifical – intelligence – ai – chatbot – new – language–research–openai–google–a7869706. html.

Hansmann H et al. （2006） Law and the rise of the Firm. Harvard John M. Olin Discussion Paper Series Vol. 2. No. 546.

Holder C et al. （2016a） Robotics and law：key legal and regulatory implications of the robotics age（part I of II）. Comp Law Secur Rev 32 （4）：557 – 576. https：//doi. org/10. 1016/j. clsr. 2016. 05. 011.

Holder C et al. （2016b） Robotics and law：key legal and regulatory implications of the robotics age（part II of II）. Comp Law Secur Rev 32 （4）：557 – 576. https：//doi. org/10. 1016/j. clsr. 2016. 05. 011.

Houssami M et al. （2017） Artificial intelligence for breast cancer screening：opportunity or hype? The Breast 36：31–33. https：//doi. org/10. 1016/j. breast. 2017. 09. 003.

International Organization for Standardization （2012） ISO 8373：2012.

Intuitive Surgical （2018） Investor Presentation Q4 2018. https：//isrg. intuitive. com/static–files/8afb7980–4820–41ff–bfa4–b3f82ce4111a.

Intuitive Surgical （2019a） Investor Presentation Q2 2019. https：//isrg. intuitive. com/static–files/0d3d24c1–849d–4495–8035–c17def42fd76.

Intuitive Surgical （2019b） Investor Presentation Q4 2019. https：//isrg. intuitive. com/static–files/0fc01a59–8d32–481f–9872–b262fd1f87b2.

Jorrín JG （2019） El Pacto de Toledo abre la puerta a que los robots financien las pensiones. El Confidencial. https：//www. elconfidencial. com/economia/2019 – 02 – 19/pacto – toledo–cotizacion–robots–seguridad–social_1833498/. Accessed 15 Apr 2020.

Karanasiou A，Pinotsis D （2017） Towards a legal definition of machine intelligence. In：International Conference on Artificial Intelligence and Law （ICAIL），pp. 1 – 10. London. https：//doi. org/10. 1145/3086512. 3086524.

Karnow CEA （1996） Liability for distributed artificial intelligences. Berkeley Technol Law J 11 （1）：147–204. https：//doi. org/10. 15779/Z38ZD4W.

Koops B–J et al. （2010） Bridging the accountability gap：rights for new entities in the information society? Minn J Law 11 （2）：497–561.

Lacruz Mantecón ML（2019）Cibernética y derecho europeo：una inteligencia robótica? Diario La Ley，Sección Doctrina 9376：1-13.

Leroux C et al.（2012）Suggestion for a green paper on legal issues in robotics. Contribution to Deliverable D. 3. 2. 1 on ELS Issues in Robotics.

Moustris GP et al.（2011）Evolution of autonomous and semi-autonomous robotic surgical systems：a review of the literature. Int J Med Rob Comp Assisted Surg 7（4）：375-392. https：//doi. org/10. 1002/rcs. 408.

Muller C（2017）Artificial intelligence-the consequences of artificial intelligence on the（digital）single market，production，consumption，employment and society. Brussels. https：//www. eesc. europa. eu/en/our-work/opinions-information-reports/opinions/artificial-intelligence. Accessed 15 Apr 2020.

Muñoz Villarreal A，Gallego Corchero V（2019）Capítulo 2. Inteligencia artificial e irrupción de una nueva personalidad en nuestro ordenamiento jurídico ante la imputación de responsabilidad a los robots. In：Monterrosso Casado E（ed）Inteligencia artificial y riesgos cibernéticos. Responsabilidades y aseguramiento. Tirant lo Blanch，Valencia，pp. 67-100.

Nik-Ahd F et al.（2019）Robotic urologic surgery：trends in litigation over the last decade. J Robot Surg 13（6）：1-6. https：//doi. org/10. 1007/s11701-018-00905-y.

Núñez Zorrilla MC（2019）Inteligencia artificial y responsabilidad civil. Reus Editorial，Madrid.

O'Regan G（2016）Introduction to the history of computing. Springer International Publishing，Cham.

O'Sullivan S et al.（2019）Legal，regulatory，and ethical frameworks for development of standards in artificial intelligence（AI）and autonomous robotic surgery. Int J Med Robot Comp Assisted Surg 15（1）：1-12. https：//doi. org/10. 1002/rcs. 1968.

Opfermann JD et al.（2017）Semi-autonomous electrosurgery for tumor resection using a multi-degree of freedom electrosurgical tool and visual servoing. In：2017 IEEE/RSJ International Conference on Intelligent Robots and Systems（IROS）3653-3660.

Pagallo U（2013）The laws of robots. Springer，Dordrecht. https：//doi. org/10. 1007/978-94-007-6564-1.

Pagallo U（2017）From automation to autonomous systems：a legal phenomenology with problems of accountability. In: IJCAI International Joint Conference on artificial intelligence, pp. 17–23.

Pagallo U (2018) Vital, Sophia, and Co. The quest for the legal personhood of robots. Information (Switzerland) 9 (9): 230. https://doi.org/10.3390/info9090230.

Palmerini E et al. (2014) Guidelines on regulating robotics. http://www.robolaw.eu/.

Puaschunder JM (2018) Artificial intelligence evolution: on the virtue of killing in the artificial age. SSRN Electronic J. https://doi.org/10.2139/ssrn.3247401.

Ramesh AN et al. (2004) Artificial intelligence in medicine. Ann Royal Coll Surg England 86 (5): 334–338. https://doi.org/10.1308/147870804290.

Richards NM et al. (2016) Robot law. Edward Elgar, Northampton.

Rogel Vide C (2017) Personas, animales y androides. Revista general de legislación y jurisprudencia 4: 681–693.

Rogel Vide C (2018) Robots y personas. Revista general de legislación y jurisprudencia 2 (1): 81–92.

Romero Otero J et al. (2007) History, evolution and application of robotic surgery in urology. Archivos españoles de urología 60 (4): 335–341.

Rusell S, Norving P (2008) Inteligencia artificial: un enfoque moderno. Pearson Educación, Madrid.

Searle JR (1980) Minds, brains, and programs. Behav Brain Sci 3: 417–457.

Singer PW (2009) Wired for war: the robotics revolution and conflict in the 21st century. Penguin, London.

Solum LB (1992) Legal personhood for artificial intelligences. North Carolina Law Rev 70 (9): 1231–1287. https://doi.org/10.3868/s050-004-015-0003-8.

Stapleton J (1989) Software, information and the concept of product. Tel Aviv Univ Stud Law 9: 147–164.

Stolfi E (2001) Studi sui "libri ad edictum" di Pomponio. Collana della Rivista di Diritto Romano, Milano.

Strickland E (2017) In flesh-cutting task, autonomous robot surgeon beats human surgeons. IEEE Spectrum. https://spectrum.ieee.org/the-human-os/biomedical/devices/in-fleshcutting-task-autonomous-robot-surgeon-beats-human-surgeons. Accessed 15

Apr 2020.

Surden H（2014）Machine learning and law. Wash Law Rev 89（1）：87–115.

Teubner G（2006）Rights of non–humans? Electronic agents and animals as new actors in politics and law. J Law Soc 33（4）：497 – 521. https：//doi. org/10. 1111/j. 1467 – 6478. 2006. 00368. x.

Teubner G（2018）Digital personhood? The status of autonomous software agents in private law. Ancilla Iuris，pp. 106–149. https：//doi. org/10. 2139/ssrn. 3177096.

The Headquarters for Japan's Economic Revitalization（2015）New robot strategy. Japan's robot strategy – Vision，strategy，action plan. https：//www. meti. go. jp/english/press/2015/pdf/0123_01b. pdf. Accessed 15 Apr 2020.

Wagner G（2019）Robot，Inc.：personhood for autonomous systems? Fordham Law Rev 88（2）：591–612.

Wisskirchen G et al.（2017）Artificial intelligence and robotics and their impact on the workplace. Report of the IBA Global Employment Institute（GEI），London. file：///C：/Users/irene/Documents/Estonia/Book/AI – and – Robotics – IBA – GEI – April – 2017. pdf. Accessed 15 Apr 2020.

Wolf A，Shoham M（2009）78. Medical automation and robotics. In：Nof SY（ed）Springer handbook of automation. Springer–Verlag，Berlin，pp. 1397–1407.

Yampolskiy RV（2018）Could an artificial intelligence be considered a person under the law? The Conversation. http：//theconversation. com/could – an – artificial – intelligence – be – considered–a–person–under–the–law–102865. Accessed 15 Apr 2020.

在线行为广告和不正当操纵：《通用数据保护条例》与《不正当商业行为指令》之比较

Article 29 Working Party（2010a）Opinion 2/2010 on online behavioural advertising（WP 171）22 June 2010.

Article 29 Working Party（2010b）Opinion 4/2010 on the European Code of Conduct of FEDMA for the use of personal data in direct marketing（WP 174）13 July 2010.

Article 29 Working Party (2011) Opinion 15/2011 on the definition of consent (WP 187) 13 July 2011.

Article 29 Working Party (2013) Opinion 03/2013 on purpose limitation (WP 203) 2 Apr 2013.

Article 29 Working Party (2014) Opinion 06/2014 on the notion of legitimate interests of the data controller under article 7 of Directive 95/46/EC (WP 217) 9 Apr 2014.

Article 29 Working Party (2017) Guidelines on automated individual decision-making and profiling for the purposes of Regulation 2016/679 (WP 251) 3 Oct 2017.

Baker SM et al. (2005) Building understanding of the domain of consumer vulnerability. J Macromark 25: 128.

Bar-Gill O (2013) Seduction by contract: law, economics, and psychology in consumer markets. Oxford University Press, Oxford.

Brenkert G (1998) Marketing and the vulnerable. Ruffin Series Soc Bus Ethics 1: 7.

Bright LF, Daugherty T (2012) Does customization impact advertising effectiveness? An exploratory study of consumer perceptions of advertising in customized online environments. J Mark Commun 18: 19.

Burr C, Cristianini N (2019) Can machines read our minds? Minds Mach 29: 461.

Burr C et al. (2018) An analysis of the interaction between intelligent software agents and human users. Minds Mach 28: 735.

Bygrave LA (2002) Data protection law: approaching its rationale, logic, and limits. Kluwer Law International, London.

Calo MR (2013) Digital market manipulation. George Wash Law Rev 82: 995.

Carballo-Calero PF (2016) Aggressive commercial practices in the case law of EU member states. J Eur Consum Market Law 5: 255.

Clifford D (2017) Citizen-consumers in a personalised galaxy: emotion influenced decisionmaking, a true path to the dark side? SSRN Electronic J. https://www.ssrn.com/abstract¼3037425. Accessed 29 Nov 2019.

Clifford D, Ausloos J (2018) Data protection and the role of fairness. Yearb Eur Law 37: 130.

Committee on the Internal Market and Consumer Protection (2012) Report on a strategy for strengthening the rights of vulnerable consumers, Explanatory Statement.

Contissa G et al. (2018) CLAUDETTE meets GDPR–Automating the evaluation of privacy policies using artificial intelligence. https: //www. beuc. eu/publications/beuc – x – 2018–066_claudette_meets_gdpr_report. pdf. Accessed 17 Apr 2020.

Duivenvoorde BB (2015) Consumer benchmarks in the unfair commercial practices directive. Springer, Heidelberg.

European Commission (2016a) Commission Staff Working Document Guidance on the implementation/application of Directive 2005/29/EC on unfair commercial practices accompanying the Communication from the Commission to the European Parliament, the Council, the European Economic and Social Committee and the Committee of the Regions–a comprehensive approach to stimulating cross – border e – Commerce for Europe's citizens and businesses, SWD/2016/0163 Final. https: //eur – lex. europa. eu/legal – content/EN/TXT/? uri ¼ CELEX%3A52016SC0163. Accessed 17 Apr 2020.

European Commission (2016b) Consumer vulnerability across key markets in the European Union (Final Report). https: //ec. europa. eu/info/sites/info/files/consumers – approved–report_en. pdf. Accessed 17 Apr 2020.

Graef I et al. (2018) Fairness and enforcement: bridging competition, data protection, and consumer law. Int Data Privacy Law 8: 200.

Hacker P (2017) Personal data, exploitative contracts, and algorithmic fairness: autonomous vehicles meet the Internet of Things. Int Data Privacy Law 7: 266.

Hanson D, Kysar DA (1999) Taking behavioralism seriously: the problem of market manipulation. N Y Univ Law Rev 74: 630.

Helberger N (2016) Profiling and targeting consumers in the Internet of Things–a new challenge for consumer law. In: Schulze R, Staudenmayer D (eds) Digital revolution: challenges for contract law in practice. Nomos, Baden–Baden.

Helberger N et al. (2017) The perfect match? A closer look at the relationship between EU consumer law and data protection law. Common Market Law Rev 54: 1427.

Howells G (2005) The potential and limits of consumer empowerment by information. J Law Soc 32: 349.

Howells G et al. (2016) European fair trading law: the unfair commercial practices directive. Routledge, New York.

Howells G et al. (2018) Rethinking EU consumer law. Routledge, New York .

ICO (2017) Feedback request - profiling and automated decision - making. April 2017. https://ico.org.uk/media/2013894/ico - feedback - request - profiling - and - automated-decision-making.pdf. Accessed 13 June 2019.

Jabłonowska A et al. (2018) Consumer law and artificial intelligence: challenges to the EU consumer law and policy stemming from the business. Use of artificial intelligence-Final Report of the ARTSY Project. https://artsy.eui.eu/wp-content/uploads/sites/37/2018/07/ARTSY-FinalReport.pdf. Accessed 17 Apr 2020.

Kaptein M et al. (2015) Personalizing persuasive technologies: explicit and implicit personalization using persuasion profiles. Int J Hum Comp Stud 77: 38.

Kahneman D (2011) Thinking, fast and slow. Macmillan.

Koops B-J (2014) The trouble with European data protection law. Int Data Privacy Law 4: 250.

Law Commission (2004) Simplifying consumer legislation - A response from the Law Commission to the DTI's Consultative Document on consumer strategy. October 2004.

Mantelero A (2014) The future of consumer data protection in the E. U. Re-thinking the "Notice and Consent" paradigm in the new era of predictive analytics. Comp Law Secur Rev 30: 643.

Mantelero A (2016) Personal data for decisional purposes in the age of analytics: from an individual to a collective dimension of data protection. Comp Law Secur Rev 32: 238.

Matz SC, Netzer O (2017) Using big data as a window into consumers' psychology. Curr Opin Behav Sci 18: 7.

Matz SC et al. (2016) Money buys happiness when spending fits our personality. Psychol Sci 27: 715.

Matz SC et al. (2017) Psychological targeting as an effective approach to digital mass persuasion. Proc Natl Acad Sci 114: 12714.

McStay A (2016) Digital advertising. Palgrave, London.

Mendoza I, Bygrave LA (2017) The right not to be subject to automated decisions based on profiling. In: Synodinou TE et al. (eds) EU internet law: regulation and enforcement. Springer, Berlin.

Micklitz H-W (2018) Consumer law in the digital Eeonomy. In: Kono T et al. (eds) Transnational commercial and consumer law. Springer, Singapore.

Mik E (2016) The erosion of autonomy in online consumer transactions. Law, Innov Technol 8: 1.

Nissenbaum HF (2010) Privacy in context: technology, policy, and the integrity of social life. Stanford Law Books, Stanford.

Noto La Diega G (2018) Data as digital assets. The case of targeted advertising. In: Bakhoum M et al. (eds) Personal data in competition, consumer protection and intellectual property law: towards a holistic approach? Springer, Berlin.

Pariser E (2011) The filter bubble: what the internet is hiding from you. Penguin Press, New York.

Rhoen M (2016) Beyond consent: improving data protection through consumer protection law. Internet Policy Rev 5 (1): 1-15.

Richards JI, Curran CM (2002) Oracles on "advertising": searching for a definition. J Advert 31: 63.

Sax M et al. (2018) Health as a means towards profitable ends: mHealth apps, user autonomy, and unfair commercial practices. J Consum Policy 41: 103.

Schmechel P (2017) Verbraucherdatenschutzrecht in der EU-Datenschutz-Grundverordnung. In: Joost G et al. (eds) Verbraucherrecht 2.0 - Verbraucher in der digitalen Welt. Nomos, BadenBaden.

Schwartz PM (2000) Internet privacy and the state. Conn Law Rev 32: 815.

Sibony A-L (2014) Can EU consumer law benefit from behavioural insights? An analysis of the unfair practices directive. Eur Rev Priv Law 22: 901.

Souiden N et al. (2017) Consumer attitudes toward online advertising: the moderating role of personality. J Promot Manag 23: 207.

Stuyck J et al. (2006) Confidence through fairness? The new directive on unfair business-toconsumer commercial practices in the internal market. Common Market Law Rev 43: 107.

Susser D (2019) Invisible influence: artificial intelligence and the ethics of adaptive choice architectures. In: Proceedings of the 2019 AAAI/ACM Conference on AI, Ethics, and Society - AIES'19. ACM Press, New York. http://dl.acm.org/citation.cfm?doid ¼ 3306618.3314286. Accessed 29 Nov 2019.

Thaler RH, Sunstein CR (2003) Libertarian paternalism. Am Econ Rev 93: 175.

Thaler RH, Sunstein CR (2009) Nudge: improving decisions about health, wealth, and happiness. Penguin Books, New York.

Tor A (2013) Some challenges facing a behaviorally-informed approach to the directive on unfair commercial practices. In: Tóth T (ed) Unfair commercial practices: the long road to harmonized law enforcement. Pázmány Press, Budapest.

Trzaskowski J (2011) Behavioural economics, neuroscience, and the unfair commercial practices directive. J Consum Policy 34: 377.

Trzaskowski J (2018) Behavioural innovations in marketing law. In: Micklitz H-W et al. (eds) Research methods in consumer law. Edward Elgar Publishing, Cheltenham.

Veale M, Edwards L (2018) Clarity, surprises, and further questions in the Article 29 Working Party draft guidance on automated decision-making and profiling. Comp Law Secur Rev 34: 398.

Wachter S, Mittelstadt B (2019) A right to reasonable inferences: re-thinking data protection law in the age of big data and AI. Columb Bus Law Rev: 494.

Waddington L (2013) Vulnerable and confused: the protection of "vulnerable" consumers under EU law. Eur Law Rev: 24.

Wang J et al. (2017) Display advertising with Real-Time Bidding (RTB) and behavioural targeting. arXiv: 1610.03013. http://arxiv.org/abs/1610.03013. Accessed 29 Nov 2019.

Weinmann M et al. (2016) Digital nudging. Bus Inf Syst Eng 58: 433.

Yeung K (2017) "Hypernudge": big data as a mode of regulation by design. Inf Commun Soc 20: 118.

Zarsky TZ (2003) "Mine your own business!": making the case for the implications of the data mining of personal information in the forum of public opinion. Yale J Law Technol 5: 1-57.

Zuiderveen Borgesius FJ (2015) Personal data processing for behavioural targeting: which legal basis? Int Data Privacy Law 5: 163.

Zuiderveen Borgesius FJ（2016）Singling out people without knowing their names-behavioural targeting，pseudonymous data，and the new data protection regulation. Comp Law Secur Rev 32：256.

保护深度学习：新版《欧盟商业秘密保护指令》能否成为人工神经网络法律保护的选项之一？

Alpin T（2017）Trading data in the digital economy：trade secrets perspective. In：Lohsse S et al.（eds）Trading data in the digital economy：legal concepts and tools. Nomos，Baden-Baden，pp. 59-74.

de Wachter J（2010）Software written by software-is copyright still the appropriate tool to protect IT? CRi 11：12-20. https：//doi. org/10. 9785/ovs-cri-2010-12.

Drexl J et al.（2019）Technical aspects of artificial intelligence：an understanding from an intellectual property law perspective. Max Planck Institute for Innovation and Competition Research Paper No. 19-13，Version 1. 0，October 2019，Munich. https：//ssrn. com/abstract ¼ 3465577. Accessed 29 Apr 2020.

Ebers M（2017）Autonomes Fahren：Produkt-und Produzentenhaftung. In：Oppermann BH，Stender-Vorwachs J（eds）Autonomes Fahren：Rechtsfolgen，Rechtsprobleme，technische Grundlagen. C. H. Beck，München，pp. 93-125.

Ehinger P，Stiemerling O（2018）Die urheberrechtliche Schutzfähigkeit von Künstlicher Intelligenz am Beispiel von Neuronalen Netzen. CR：761-770. https：//doi. org/10. 9785/cr-2018-341206.

European Patent Office（2018）Guidelines for examination. https：//www. epo. org/law-practice/legal-texts/html/guidelines2018/e/g_ii_3_3_1. htm. Accessed 12 Dec 2018.

Fezer K-H（2017）Repräsentatives Dateneigentum. Ein zivilgesellschaftliches Bürgerrecht，Studie im Auftrag der Konrad-Adenauer-Stiftung e. V. zum Thema "Einführung eines besonderen Rechts an Daten". https：//www. kas. de/de/einzeltitel/-/content/repraesentatives-dateneigentum. Accessed 29 Apr 2020.

Fink L（2017）Big data and artificial intelligence. ZGE：288-298. https：//doi. org/

10. 1628/186723717X15069451170874.

Goldfarb A et al. (2018) Prediction machines: the simple economics of artificial intelligence.

Harvard Business Review Press, Cambridge Häuser M (2018) DSGVO und KI: Gefahr für Geschäftsgeheimnisse? https://www.lto.de/recht/kanzleien-unternehmen/k/dsgvo-ki-geschaeftsgeheimnisse-unternehmen-schutz-offenlegung/. Accessed 26 June 2019.

High Level Expert Group on AI (AI HLEG) (2019) A definition of AI: main capabilities and disciplines. Brussels, 9 Apr 2019. https://ec.europa.eu/newsroom/dae/document.cfm? doc_id ¼ 56341. Accessed 29 Apr 2020.

Lederer TL (2019) Patentierung im Bereich Künstliche Intelligenz. GRUR-Prax: 152-154.

Leistner M (2017) Big Data and the EU Database Directive 96/9/EC: current law and potential for reform. In: Lohsse S et al. (eds) Trading data in the digital economy: legal concepts and tools. Nomos, Baden-Baden, pp. 25-58.

Linardatos D (2019) Künstliche Intelligenz und Verantwortung. ZIP: 504-509.

McGuire M-R (2019) Neue Anforderungen an Geheimhaltungsvereinbarungen? WRP: 679-688.

McGuire M-R, Nikolidaki S (2016) Der Schutz technischer Innovationen im Binnenmarkt. IPRB: 152-155.

Ng A, Soo K (2017) Numsense! Data science for the layman: no math added. Annalyn Ng and Kenneth Soo, Singapore.

Ohly A (2019) Das neue Geschäftsgeheimnisgesetz im Überblick. GRUR: 441-451.

Prinz M, Hartmann F (2018) Immaterialgüterrechtlicher Schutz von Systemen Künstlicher Intelligenz. WRP: 1431-1438.

Rathi S (2018) Revival of the neural networks and the intellectual property nightmare: workshop proceedings of the 14th International Conference on Intelligent Environments. In:

Chatzigiannakis I et al. (eds) Intelligent environments 2018: workshop proceedings of the 14th International Conference on Intelligent Environments. IOS Press Incorporated, Amsterdam, pp. 275-284.

Rohner T (2019) Der Schutz von KI-Schöpfungen im schweizerischen Urheberrecht. ZGE：33–85. https：//doi. org/10. 1628/zge–2019–0003.

Rühlicke L（2019）Die Geheimhaltung von Scoring Algorithmen. In：Maute L，Mackenrodt M–O（eds）Recht als Infrastruktur für Innovation. Nomos，Baden–Baden.

Sagstetter T（2019a）Big Data und der europäische Rechtsrahmen：Status quo und Reformbedarf im Lichte der Trade–Secrets–Richtlinie 2016/943/EU. In：Maute L，Mackenrodt M–O（eds）Recht als Infrastruktur für Innovation. Nomos，Baden–Baden.

Sagstetter T（2019b）Digitaler Strukturwandel und Privatrecht–Neue Regeln für Big Data und Co.？In：Husemann T et al.（eds）Strukturwandel und Privatrecht：Jahrbuch Junge Zivilrechtswissenschaft. Nomos；Helbing & Lichtenhahn，Baden–Baden.

Scheja K（2018）Schutz von Algorithmen in Big Data Anwendungen. CR：485–492.

Sun Y et al.（2018）Automatically designing CNN architectures using genetic algorithm for image classification. https：//arxiv. org/abs/1808. 03818v1. Accessed 29 Apr 2020.

Surblyte G（2017）Data–driven economy and artificial intelligence：emerging competition law issues? WuW：120–127.

The Economist（2016）（Special report）From not working to neural networking：the artificial boom is based on an old idea，but with a modern twist. https：//www. economist. com/special – report/2016/06/23/from – not – working – to – neural – networking. Accessed 17 Apr 2020.

Thiel L（2019）Das neue Geschäftsgeheimnisgesetz（GeschGehG）– Risiken und Chancen für Geschäftsgeheimnisinhaber. WRP：700–703.

Tramèr F et al.（2016）Stealing machine learning models via prediction APIs. https：//arxiv. org/abs/1609. 02943v2. Accessed 29 Apr 2020.

Von Lewinski K（2018）Regulierungsbedarf und Regulierungsfelder von algorithmischen Systemen. InTer：168–176.

Watkin T，Rau A（1996）Intellectual property in artificial neural networks–in particular under the European Patent Convention. ICC：447–469.

Wenskay DL（1990）Intellectual property protection for neural networks. Neural Netw 3：229–236. https：//doi. org/10. 1016/0893–6080（90）90092–Y.

人工智能时代下的中国著作权法与计算机生成作品

Cao Y（2016）The rationality of copyright protection for creation generated by artificial intelligence. Tech Law 3：488－508. 曹源，《人工智能创作物获得版权保护的合理性》，《科技与法律》2016年第3期，488-508页.

Maggiore M（2018）Artificial intelligence，computer generated works and copyright. In：Bonadio E，Lucchi N（eds）Non-conventional copyright：do new and atypical works deserve protection？Edward Elgar，London.

Tecent Research Institute（2017）The report of AI strategy in different countries. Technol Telecom 2：26-28. 腾讯研究院，《人工智能各国战略解读：联合国人工智能政策报告》，《电信网技术》2017年第2期，26-28页.

Wang Q（2015）Copyright Law. China Renmin University Press，Beijing，pp. 20-27. 王迁：《著作权法》，中国人民大学出版社，2015年，20-27页.

Wang Q（2017）Qualitative research on the content of artificial intelligence in copyright law. Sci Law 5：148-155. 王迁，《论人工智能生成的内容在著作权法中的定性》，《法律科学》（西北政法大学学报），2017年第5期，148-155页.

Wei L（2019）Discussion on copyright issues of artificial intelligence products. J Zhengzhou Univ（Philos Soc Sci Ed）3：22-26. 魏丽丽，《人工智能生成物的著作权问题探讨》，《郑州大学学报》，2019年第5期，22-26页.

Xiong Q（2017）Is Artificial intelligence generated content copyrightable？Intellect Prop 3：3-8. 熊琦，《人工智能生成作品的著作权认定》，《知识产权》2017年第3期，3-6页.

Yi J（2017）Is creation generated by Artificial intelligence work？Sci Law 5：137-147. 易继明，《人工智能创作物是作品吗？》，《法律科学（西北政法大学学报）》2017年第5期，137-147页.

Zhong Y（2017）Artificial intelligence：concept，approach and opportunity. Chin Sci Bull 22：2473-2479. 钟义信，《人工智能：概念方法机遇》，《科学通报》2017年第22期，2473-2479页.